乡村旅游景观审美变迁

许雁冰　著

北京航空航天大学出版社

内容简介

目前，随着全球经济的快速发展，人们开始注重追求丰富的生活体验，也对审美有了更高的要求，然而，由于工业化程度的日趋增强，出现了“城市病”。面对长期纷乱而又嘈杂的城市环境，人们的精神等饱受压抑，因此，人们普遍渴望回归自然、寻找自我。乡村旅游在这种情况下应运而生。乡村旅游业的兴起极大地推动了乡村经济的发展，它不仅可以充分利用乡村优良的自然资源、人文资源来满足城市需求，还能给自身带来收益。但是，乡村景观旅游在发展中存在盲目性、随大流等弊端，大多数乡村景观建设也出现“洋化”“同质化”等问题，使得美丽的乡村似乎不那么“美”了。本书从“审美”的角度出发，对乡村旅游景观进行研究，以期为今后建设更美的乡村提供参考。

图书在版编目(CIP)数据

乡村旅游景观审美变迁 / 许雁冰著. -- 北京：北京航空航天大学出版社，2021.9

ISBN 978-7-5124-3602-2

Ⅰ. ①乡… Ⅱ. ①许… Ⅲ. ①乡村—旅游区—景观美学—研究 Ⅳ. ①F590②P901

中国版本图书馆 CIP 数据核字(2021)第 186416 号

乡村旅游景观审美变迁

许雁冰　著

策划编辑　董宜斌　王红樱　　责任编辑　孙玉杰　王红樱

*

北京航空航天大学出版社出版发行

北京市海淀区学院路 37 号(邮编：100191)　http://www.buaapress.com.cn

发行部电话：(010)82317024　传真：(010)82328026

读者信箱：emsbook@buaacm.com.cn　邮购电话：(010)82316936

北京建宏印刷有限公司印装　各地书店经销

*

开本：787×1092　1/16　印张：4.25　字数：109 千字

2021 年 12 月第 1 版　2023 年 1 月第 2 次印刷

ISBN 978-7-5124-3602-2　定价：68.00 元

若本书有倒页、脱页、缺页等印装质量问题，请与本社发行部联系调换。联系电话：(010)82317024

前　言

乡村旅游作为一种休闲娱乐活动，通过“乡村性”意蕴的自然景观、人文景观等旅游资源，让人感知乡村旅游的审美属性。乡村旅游的实质是以审美为内在动力的“审美活动”。乡村旅游业的兴起对其经济的发展大有裨益，不仅能够带给旅游者唯美的感官体验，还能获得可观的经济收益。然而，这些年的乡村景观旅游在发展中存在诸多问题，使得原本美丽的乡村失去了应有的清新之感和文化内涵。

本书分为四大部分：第一章是绪论，介绍了新时代背景下的乡村旅游转型，了解乡村旅游景观审美研究的目的和意义；第二章是乡村旅游中的景观设计，包括乡村旅游景观的内涵、特征、组成要素、设计原则、设计方法，还对国内外的乡村旅游景观进行分析；第三章是乡村景观的审美要素分析，阐述了美与美学，乡村旅游的审美构成、审美价值，从视觉、听觉、嗅觉、触觉、味觉五个感官来捕捉构成乡村旅游景观的审美要素；第四章是乡村旅游景观的审美发展，先是新农村背景下乡村景观的发展变迁，以及发展中存在的问题及其反思，接着是地域文化与乡村旅游景观的融合发展，指出背景音乐是成为乡村旅游景区的一大特色。最后在附录部分对《武汉市蔡甸区生态旅游管理存在问题研究》《武汉市黄陂区居民与旅游者之间的地方感对比分析》为案例进行实践分析，理论结合实践，以期使乡村旅游景观不仅带给旅游者审美方面的满足，还能获得健康且持续的发展。

本书在撰写过程中参考了书后所列文献中的有关资料，在此谨向这些文献的作者表示衷心的感谢。

由于编者水平有限，加上时间仓促，书中难免存在不足和疏漏之处，恳请广大读者批评指正。

编　者

2020 年 7 月

目　录

第一章 绪 论

本章介绍了新时代背景下的乡村旅游转型，这一背景主要表现在经济、技术、交通、媒体、休闲和游客六个方面，明确了乡村旅游的景观审美研究的目的和意义。乡村景观带给游客美的体验，因此，必须站在审美的角度来开发和建设乡村景观。

第一节 新时代背景下的乡村旅游转型

随着国民经济的持续增长，我国的旅游业迎来了“钻石”发展期，旅游需求日趋个性化，旅游产品更加丰富。在新的时代背景下，乡村旅游通过市场、产品、服务和管理进行转型和升级，实现可持续发展。

一、旅游新时代背景的内涵

（一）新经济时代

旅游业在与我国三大产业的互动融合中，逐渐成为经济增长的新引擎，其产业面更加宽泛，产业链得到拉长，形成了多维度、多层面的现代产业集群，进入了爆发式发展阶段。

（二）新技术时代

面对互联网的迅速发展，新的电子信息技术被广泛运用于旅游业，优化了旅游业的商业运作模式，智慧旅游引领旅游业的第二次革命；并使得旅游的消费、服务、营销和管理逐渐趋向于现代化和智慧化。

（三）新交通时代

由于交通方式和交通格局的不断更新，航空、高铁、动车、高速公路等越发普及，其中，邮轮、游艇、旅游专列迅速发展，私家车数量高速增长，旅游活动的类型、范围、形式等都发生了巨大的变化。旅游目的地面临游客数量增长与停留时间缩短的矛盾。

（四）新媒体时代

现如今，“人手一机”成为社会潮流，信息的获取及传播速度非常快，游客扮演双重角色，不仅是信息的接收者，也是信息的传播者，他们受个人认知的局限影响。在对旅游目的地的相关信息进行筛选和发布时会出现信息模糊或失真的情况。

（五）新休闲时代

由于收入水平的不断提升和闲暇时间的日益增多，人们的休闲意识和旅游动机明显增强，新的休闲时代如期而至，旅游休闲和度假市场逐渐复苏，并蓬勃发展，前景一片广阔。

（六）新游客时代

国内游、出国游越发频繁，游客积累了丰富的出游经验，旅游消费趋于成熟，互联网、手机App、微信、二维码等新型工具的普遍使用，使得人们对旅游产品和服务的要求也越来越高，人们除了要求多元化的产品和人性化的服务外，还要求国际化的旅游设施、地域化的旅游产品和个性化的游览体验等。新游客时代悄无声息地来临，在一定程度上推动了旅游业的发展。

二、乡村旅游的多种转型

(一) 市场转型

首先,随着新休闲时代的到来,乡村旅游市场由游览观光逐渐转向休闲度假。我国旅游业进入以娱乐休闲、康体健身、休憩疗养为核心的休闲度假旅游阶段,农家乐的固态发展模式需要向乡村休闲和乡村度假靠拢。其次,随着老龄化时代的到来,养生养老成为百姓切实关注的问题。养生成为风尚,养老成为热点,"养生养老式"旅游引起了旅游行业和政府部门的广泛关注。养生养老业与旅游业之间融合发展,逐渐从小众旅游升级为大众旅游。最后,提倡乡村科普旅游。单纯的乡村旅游满足的只是游客一时的身心之乐,而将民俗风情和科学知识融入游览观光中,寓教于乐、寓学于游,旅游的价值得以扩大和延伸。让一场乡村游留下的除了定格于照片中的美好时光、徜徉于田园里的欢声笑语外,还有弥足珍贵的知识积累和点滴成长。

(二) 产品转型

在信息时代,物联网、互联网、移动智能终端等技术被普遍应用于人们的日常生活中,这就意味着产品的信息化水平要不断提升。随着互联网的飞速发展,一个全新的"互联网+"时代来临,"互联网+"促使各领域和各产业发生改变,乡村旅游也要开启新模式,使其散发出时尚魅力。各级地方政府为了推动乡村旅游的"互联网+"模式展开积极探索,试图借助本地的青山绿水创造出的金山银山。如,山东省旅游局联合旅游企业共同搭建"齐鲁乡村旅游网",建立乡村旅游电商平台,大力推动乡村旅游的发展;文化和旅游部提出的智慧旅游乡村,为游客提供免费 Wi-Fi、电子讲解、智能导游和在线预订等功能。此外,定制化乡村旅游产品的推出,能够有效满足新游客时代人们的个性化旅游需求。近年来,定制化的在线旅游群体不断扩大,个性化旅游一度成为我国旅游业发展的新亮点,越来越多的人会自主地选择目的地、查看旅游攻略、设计行程线路、分享异域体验等。因此,个性化的乡村旅游产品在信息化发展的潮流中势不可挡,乡村定制游和乡村智慧游成为必然趋势。

(三) 服务转型

首先,传统的管理方式和服务模式在新游客时代显得格格不入,游客的个性化需求和高品质追求往往得不到满足,乡村旅游服务急需公共服务体系的完善和公共服务能力的提升;其次,乡村旅游服务的智慧化水平也有待提高,利用移动互联网、手机 App、微信公众号等信息工具与游客沟通交流,并为之提供服务,与新时代移动型的消费生活相适应。通过新技术实现旅游相关信息的实时传递,便于游客自主地搜索信息、预订支付、导航导购和回顾评价旅游服务质量;再次,乡村旅游的从业人员大部分是当地的村民和城市下岗职工,他们的文化程度、服务水平和综合素质都较低,且缺乏专业知识和服务意识,与新时代游客的服务要求相差甚远,这就使得全面提升服务意识、技能及水平成为新游客时代乡村旅游从业者的必然要求;最后,通过移动智能终端的方式,为广大游客提供全方位的个性化服务,如出入境的短信关怀、天气条件的温馨提醒、道路客流的最新实况等,来提高乡村旅游的服务品质。

(四) 管理转型

首先,工作的侧重点要从旅行社行业管理向旅游公共服务管理转变,除了强调旅游团队的服务管理外,还要注重对散客提供个性化服务和完善旅游目的地接待体系,告别过去以乡村旅游景区为中心的应急管理,使之转向区域联动的预警管理;其次,管理方式要从传统的粗放式管理向现代的系统化、集约化管理转变,有效整合乡村资源,促进乡村旅游公共服务水平和综合治理能力的提高。如要与交通、卫生、质检等部门共享信息，产生协作联动，增强应急处理能力，提高游客投诉事宜的处理效率，维护市场秩序；最后，以过程管理、实时管理和动态管理模式取代被动处理和事后管理模式，根据旅游者活动信息和企业经营信息来提高管理水平和管理效率。如，利用现代信息技术建立预测预警机制，对景区进行实时动态监控，科学地指挥工作人员，及时疏通客流，避免景区人满为患和各种安全事故。

第二节　乡村旅游景观审美变迁研究的目的和意义

随着人们收入水平的不断提高，基本的衣食住行得到满足后，旅游成为现代人普遍追求的休闲方式，尤其是新兴的乡村游。乡村旅游业的发展给旅游目的地的经济发展提供了动力，也促进了农业与服务业的融合。它还承载着文化的传承功能，让城市中的居民远离喧嚣，从快节奏和强竞争的生活中解脱，来一场思乡游。

在中国的城市化初期，一些村民迁居城市，经历了几十年的城市生活，依然怀念乡村的景观、淳朴的民情，他们渴望回归乡村生活。乡村的独特魅力，吸引的不仅是老一辈的乡村人，还有在城市中长大的青少年。环境与大自然无限接近，鼻尖萦绕着野花香，徜徉于青草香弥漫的田野，就连拂面的微风都夹杂着土地的味道，人们压抑许久的精神得到放松，寻回了久违的愉悦感。同时，乡村的民风民俗温暖人心，可以让人们体会各个地方的历史文化。陶渊明笔下的“土地平旷，屋舍俨然”“阡陌交通，鸡犬相闻”，将乡村安静祥和的景象完美彰显，这样的乡村样貌在我们的心里跃然成画。

现今，我国的新农村建设正如火如荼地进行，城市中无数的规划师们怀揣他们所描绘的“美丽蓝图”奔向乡村，那些地处城市边缘的传统乡村将面临翻天覆地的变化，乡村的生态环境和乡土遗产也将遭受“破坏性建设”，拦河筑坝、河道渠化及不慎重的市政基础设施建设等彻底打乱了乡村原有稳定的生态系统。面对乡村旅游景观的发展，我们从审美的角度出发，分析乡村旅游景观在规划和建造中可能存在的问题，使其更加符合乡村的气质，同时满足旅游者的审美要求。

一、乡村旅游景观审美变迁研究的目的

人们选择旅游的目的是期待获得身心的自由感，换言之，旅游就是发现美和追求美的过程，沿路的风景，别样的风情，远离高楼大厦和车水马龙，将浮沉的心灵“格式化”，储存大自然的清新记忆。

各地的乡村建设、乡村旅游、农家乐等旅游产品随处可见，但发展过程中问题频出，如“崇洋媚外型”，一些乡村出现“洋建筑”“洋器物”等，与整体的乡村环境格格不入；“同质化”，大多乡村旅游目的地的营销产品都有着极高的相似度，无特色之处，也无新鲜感；“城市化”，现代式的灯光、雕塑和喷泉等出现于乡村，与乡村原本的静谧相背离。景观规划者对乡村旅游景观进行规划设计时，应切实把握乡村的本质属性，读懂其特质，深入到乡村审美中，营造乡村专属的乡村景观氛围，使景观效果能够引起游客的情感共鸣，提高旅游地的吸引力。

二、乡村旅游景观审美变迁研究的意义

近年来，国家致力于缩小城乡差距，大力发展农业，改善农村环境。政府出台了一系列惠

民政策，建设民生工程，有效改善和美化了乡村。乡村旅游景观在政府长期以来的各项扶持中迅速发展。然而，乡村仅靠第一产业和第二产业很难实现城乡差距的明显缩小，必须立足于乡村独有的景观资源，对旅游产业合理规划。乡村景观的提升和旅游业的发展，不仅惠及农民，城市居民也同样受益。乡村旅游景观成为城市生活的补充和延伸，不同职业或身份的人均可体验不同的文化氛围。

合理有序地发展乡村旅游，能够有效保护我国丰富的地域民俗文化遗产。中国有着漫长的农耕文明，因疆域广阔，各地的自然气候差异很大，形成了各具特色的自然风光、丰富多彩的民俗风情、风格迥异的民居建筑，还有不同的村落肌理、景物寓意和特色小吃。地广人稀的乡村，人们对大自然没有太多干涉，较为完整的自然资源得以保留，当我们从审美的眼光去用心开发乡村的旅游资源时，那些无与伦比的美景就会世代延续下去。

第二章　乡村旅游中的景观设计

乡村旅游中的景观设计至关重要，但在设计中有诸多需要注意的地方。本章梳理了乡村旅游景观的相关定义，了解乡村旅游景观的组成要素，阐述了乡村旅游景观的特点及设计原则，通过三个结构层次详细介绍了乡村旅游景观的设计方法，最后通过对国内外乡村旅游景观的研究分析，指出了我国乡村旅游景观发展中存在的一系列问题。

第一节　乡村旅游景观概述

一、乡　村

"乡村"是一个司空见惯的词语，日常生活中经常会被提及。通常，乡村的人口密度和聚集规模都较小，建筑物大多为单层或低层，悠游自在是乡村独有的生活方式。它在一个地域范围内突出自身的特质，与城市相对应，乡村的人群和房屋都处于相对分散的状态，而城市则比较集中。乡村除了人口聚落外，还有独特的自然景观，如农田、水体、山体等，这属于乡村的公共空间，所占面积较大，居民从事的工作多为农业生产。因此，乡村的特点表现为人口密度低、聚落规模小和社会关系简单，自给自足的农事活动是其主要经济来源，乡村的自然景观面貌与城市相比，有着很大的不同。

二、乡村旅游景观

乡村旅游景观是在特定的区域范围里，以大面积的自然景观为背景，以农民的聚落景观为核心，是包含人文历史景观、社会经济景观和自然环境景观在内的综合景观。在不同地区，处于不同的历史发展阶段，人类与自然之间互相作用，留下了无数历史印记和生活记录，这些记忆表现于物质层面，就是乡村景观，同时也是一座乡村的景观遗产。乡村旅游景观主要包括四个方面的内容：乡村范围内的自然景观、村民集中居住的聚落景观、各地的民风及民俗活动、不同季节的农业生产景观。

三、乡村旅游景观与城市旅游景观的区别

乡村旅游景观与城市旅游景观相比，存在明显不同，两者的区别之处有以下四个方面。

（一）人类对自然的影响程度

城市旅游景观的人为影响较大，属于典型的人工景观类型；而乡村旅游景观的人为干扰较小，自然景观居于主体地位，属于自然景观或半自然景观的类型。

（二）土地的利用方式

城市的土地利用是高度集约化，土地使用往往向着"纵深"方向发展，土地价格相当昂贵；而乡村的土地利用较为粗放，都是"单层面"利用，土地价格相对低廉。

（三）景观构成

城市的旅游景观构成大部分是建筑和道路，绿地分散于其中；而乡村的旅游景观构成中大面积都是绿地，有自然绿地和农田绿地两种，建筑与道路表现出局部集中、整体分散的特点。

（四）人文景观

为了适应现代化的生产和生活需求，城市的建筑和道路都向着无差别方向营建，城市居民无暇顾及历史民俗活动；而乡村却保存了珍贵的历史风貌，还有世代相传的传统节日氛围，拥有丰富多彩的人文景观。

四、乡村旅游

乡村旅游，顾名思义，即在乡村进行的旅游活动。区域活动场所是乡村，吸引物是良好的生态环境、幽静的自然风光、独特的民居建筑，还有农忙生产情景和特有的慢节奏生活等，旅游人群多为城市居民。乡村旅游能使游客感受到各地不同的风土民情，领略多姿多彩的自然景观，亲身体验农事劳作，全身心回归自然，享受自由和愉悦。乡村地广人稀，有着绝佳的旅游条件，可以提供丰富的旅游资源。大多数乡村旅游都是在原有聚落和农业的基础上发展起来的，地域特色非常明显，不需要进行过多投资，就可吸引游客，具有开发范围广、类型多样、趣味浓厚、参与性强、重游率高、消费较低等特点。

五、乡村旅游景观的特征

（一）地域差异明显

我国幅员辽阔，地区之间的自然条件差异明显。降水、气温和光照等自然因素对人们的居住形式和生活方式产生直接影响。此外，悠久的文化传承也使得不同地区形成了独有的历史风貌和建筑风格，各地的乡村旅游景观都饱含浓郁的地方风情和风土特色。

（二）景观类型多样

与钢筋混凝土堆砌而成的城市旅游景观相比，乡村除了大量的民居建筑外，还有农田、果园和自然风光。乡村旅游景观借助建筑、耕地、环境，向我们展示了人工与自然、建筑与风景等因素之间的和谐美。景观组合丰富、类型多样。

（三）景观相对稳定

乡村景观中的人工作用较小，有着自身的反馈与负反馈调节机制，能够保持自身的相对稳定性，不像城市中的人工痕迹明显，需要耗费大量的人力、物力来长期维持，一旦停止养护，城市景观就会“放飞自我”，走向荒芜。

（四）景观生态问题严重

乡村旅游景观的实践发展速度较快，各地政府定睛于经济利益，未能秉持科学发展观念，以至于乡村旅游景观陷入盲目发展中。原生态的乡村逐渐向城市形态转变，出现了诸多不和谐的成分，如道路硬化、广场铺装、耕地占用、开垦树林、灯光亮化等，严重破坏了乡村生态系统的平衡。历史文化景观得不到保护，并且遭受外来文化景观的冲击，使得景观生态问题日趋严重。

六、乡村旅游景观的基本类型

（一）城郊度假型

在我国的乡村旅游类型中，最成熟的就是城郊度假型。由于地处城市近郊，具有交通便利、设备齐全、形式多样等优势，被称为“城市后花园”。它的表现形式多为传统农家乐，旨在满足游客的休闲娱乐、减压释压、享用美食和集体聚会等需求。

（二）古村落类型

在我国的乡村中，有些乡村聚落形成时间较早，保留了较为完整的古老乡村样貌和独具特色的民俗活动。同时，作为多民族国家，我国各个民族都有其文化特色。古村落类型会在各民族、各地区，选择保存最为完整、特点最为突出的乡村，对其范围内的聚落、建筑、民风、民俗等进行保护、开发和维护。将各个民族的生活状况真实地展现出来，形成我国乡村旅游的一大特色。在我国的特色民俗村落中，享有盛名的有陕北的窑洞、福建的土楼、湘西的凤凰古城、云南丽江的古镇等。

（三）田园风光型

田园风光型主要是以自然风景中的农耕生产文化景观为吸引物的乡村旅游类型。游客在欣赏一望无垠的庄稼、秀水奇川、鸟鸣蝉噪等美妙景色时，参与传统的农耕活动和农家生活，释放内心深处的思乡情怀，并体验时代特色场景。

第二节　乡村旅游景观的组成要素

乡村旅游景观是由乡村建筑、道路场地、植物配置、景观小品、农业规划、地形地貌、乡村水域等因素构成的，以下对这些因素进行逐一分析。

一、乡村建筑

建筑在设计中一定要充分考虑与周边环境的协调统一，尤其是旅游区内的建筑，除了注重使用功能外，建筑的本身要考虑到环境要素这一层面，使其与周围风景、地形地貌等相融合，形成和谐的景观环境。各个地区的文化和特色不尽相同，应严格遵循协调统一原则去设计建筑的风格风貌。乡村建筑要注意强调其乡土性，乡土建筑的风格可归结为四类。

（一）古遗址建筑类

大部分旅游区都保留了祖祖辈辈留下来的建筑遗址，这些遗址作为人类的文化遗产而存在，多以宋、明、清时的建筑为主。在原有古建的基础上，对其他可保留的建筑进行改造或仿古重建，使其形成风格统一的建筑；对无法达到改造或重建条件的就选择拆除，并因地制宜，给予其他形式的景观设计。

（二）传统民居类

传统的民居也要具有乡土味。地方民居对采光、外观、风水、材料等颇有研究，经历岁月的洗礼，极具地域性特征，是乡土文化的重要组成部分。因此，在规划设计中，一定要对其加强保护。我国的传统民居分散于不同地方，具有不同的特色主要分为：西南汉风坊院、干阑式民居、合院式民居、金门民居、土楼民居、徽派民居、窑洞民居、水乡民居、阿里旺民居、开平碉楼、藏族碉房等。

(三) 现代别墅类

乡村别墅属于现代化建筑,内部设施比较高档、环境舒适安宁、服务到位,但仍要注意突出乡野气息,如托斯卡纳乡村别墅,通过精心选择材料,配合多种植物,形成了质朴幽雅的乡村环境;法国的乡村别墅则是侧重于体现浪漫的田园生活。乡村别墅的选址非常重要,要充分依托水源、植被、地形等,打造出美好静谧的乡村生活意境。

(四) 特色体验类

特色体验类乡村旅舍大多为单层建筑,采用原木、石块等材料,对建筑的外形进行特色化设计,打造创意性主题,形成舒适安全的小屋,如少数民族体验类、自然生态体验类。自然生态体验类主要以森林小屋为代表,小屋的外部装饰要体现原始性,可以使用狼皮、鹿头、猎枪、猎刀、绳索等饰品来营造猎人生活的氛围。

二、道路场地

乡村旅游的顺利开展离不开交通,便利的交通是乡村景观设计的重要环节之一。乡村旅游的交通建设需要确保游客的畅通无阻,同时使其收获有趣的感官体验。因此,交通建设要把握四个关键点。

(一) 景观大道设计

景观大道要以地理环境背景为依托,并非几棵行道树或简单的植物组团就可实现效果,一定要结合旅游区的地形地貌来设计景观大道。道路作为连接不同场地的景观廊道,要保持与周边建筑风格、植被类型的一致性,保证整体环境的和谐和统一。线路的选择应避开旅游区内部的生态脆弱区,尽可能地利用现有自然路线来设计景观大道,保存与道路相邻的农田,还有路旁的林地。在乡村聚落与公路之间建立林带缓冲区;在村庄入口段落,建设低密度的保护性开放景观。

(二) 游步道设计

对于游步道的设计,首先,要考虑的是安全因素;其次,要根据场地形态、空间大小来设计游步道的尺寸,一般控制在0.5～3 m之间;再次,要与周边植物、铺面、水池、喷泉等景致紧密结合,形成协调统一的景观整体;最后,要考虑适当的斜度,注意使用耐久与防滑的表面装饰材料。至于道路的铺面材质,尽量选择如木材、石板等乡土材料,遵循因地制宜的原则,使用适合本地风格风貌的铺面材料,能够就地取材更好。此外,在选材的使用中,还要注意颜色搭配、铺装图案的选择等;在施工建设后,要重视对其保护和管理,避免人为破坏。

(三) 坡道与阶梯设置

坡道的设置比阶梯设置的限制少,斜率在5%以下的人行步道比较适合步行。如果地面的高低差较大、空间较小,就要考虑设置阶梯。通常,阶梯的最小宽度不少于1.2 m,要超过人行道的宽度。阶梯往往设在三级以上,一级阶梯不容易被看到,可能会造成游客摔倒。此外,户外阶梯的高度设置为14～16 cm,如果斜率超过5%,就要考虑进行特殊设计。

(四) 场地空间大小

人类不同的行为活动要求不同大小的空间。在设计场地时,要着眼于现实情况和游客需要,设定不同的空间大小,要结合植物、小品来打造有主题性、功能性、美观性的场所。此外,还要充分考虑行走空间的大小,如两人同行时的最小面积应为每人1.2 m^2 的面积,若小于此数,游客在移动时就会受到阻碍,心里感觉压抑,势必会对景观空间产生排斥感。

三、植物配置

植物是生态建设的基质，在乡村景观规划中起着重要作用。植物是大自然的直接体现，不仅是营造乡村景观环境的元素，也是乡村生态系统的基础。旅游区的河边、路旁、村头、房前等都会种植一些观赏性花木；屋后则栽植遮阳性大树；庭院会选择那些易成活、好打理的树种，充分利用丰富的植物种类来保持乡村环境的绿意盎然。此外，植物的采光不可忽视，还要建设灌溉设施，让乡村的景致更加清新、幽静。生产性果树与园林树种结合种植，使观赏功能与经济功能兼得。乡村旅游区中的植物配置要遵循三个原则。

（一）保护生态第一原则

保留现有地区整体的植被状态，对部分植被进行改造和培育，以期实现生态保护与景观改造的双重目的。在景观规划中，要注意景区、环境、背景之间的协调美，满足游客的视觉需求，同时获得最大化的观景价值。

（二）乡土树种优先原则

乡土树种的种植是维持生态平衡的最佳手段，可参照旅游区内的植物种类，以原有的乡土树种为主，根据植物的特性，选择适合的种类，科学规划种植的位置及规模，明确保育措施。

（三）植物群落特征化原则

在植物配置中，要充分考虑不同植物的特性，如观赏性、花果期、生长习性等，还有植被的搭配，如林相、季节性、维护成本等。慎选植被种类，注重后期维护，做到四季有景、春夏秋冬皆不同，随季节而变的植物景观也会默然提醒村民节气的变化。通过垂直且多变的绿化形式，保持植物群落的特征化，形成无与伦比的风景，让游客耳目一新。

四、景观小品

乡村旅游活动离不开一定的设施，主要设施包括以下四类。

（一）服务设施

乡村旅游活动的服务设施有凉亭、桌椅、烧烤设施、观景台等。休息亭是给游客提供短暂休息的场所，基本功能是遮阳、避雨。为了节省休息亭的建设费，可就地取材，充分利用自然物，以乡土木材为主，与乡村的自然景观相协调。休息亭的选址十分重要，要兼顾赏景功能，选择视野开阔之处；休闲桌椅是必备的服务设施，其外观、摆设、材质等都需要认真考虑。其中，桌椅的高度、宽度、靠背、表面处理等都要符合正确尺寸。一般座椅的平均高度约为 46 cm，宽度在 30～46 cm 之间，靠背应配合人体曲线稍微弯曲，桌椅的选材应以木质为主，经过打磨、防腐、防水等处理，确保它的平稳舒适和经久耐用。桌椅的色泽要与游览区内的自然景观相呼应，切忌突兀。烧烤设施和观景台也要与桌椅、凉亭等风格协调统一。

（二）装饰设施

乡村旅游活动的装饰设施有雕塑、铺装、景墙、栏杆、墙面图案等。雕塑的设计要突出旅游区的主题性，设计要新颖、个性；铺装和景墙要注重样式的设计，适当注入田园元素，其他的装饰设施也不能忽视材料的选择。

（三）照明设施

乡村旅游活动的照明设施有路灯、广场灯、庭院灯、景观灯、草坪灯、射树灯、地埋灯、水下灯、柱头灯等。大多采用低碳、无污染的太阳能灯具，倡导绿色生态。不同的灯具，设计原则有所区别，如路灯灯距的选择要着眼于道路宽度；草坪灯则根据草坪和周围环境来确定高度和风格；射树灯要观察树的大小和叶片色彩，灵活调整灯具的光强和颜色等。

（四）标识设施

乡村旅游活动的标识设施要遵循人性化、美观化、规范化和系统化设计原则，完善标识系统，为游客提供一个清晰明了的指示作用。标识设施除了全景牌示、指路牌示、景点牌示、忠告牌示、服务牌示外，还有导览图、便携性解说系统、音像制品解说系统等。

五、农业规划

农业景观包括农田、耕地、林地、农场、牧场、鱼塘、村庄和道路等镶嵌体，是在自然景观的基础上，建立起来的人为生态结构。理想的农业景观具有农业第一生产、维持生态平衡、提高经济效益等作用，通过旅游观光资源来带动相关产业的发展。农业景观规划主要分为以下三种类型。

（一）现代农业规划

在农业生产实践中，通过现代化技术来开展农业工程，引入高科技进行规模化管理，提高土地生产率和农业生产效率，推动农村各产业的蓬勃发展。同时，有效解决耕地减少、土壤退化、水土流失等环境资源问题，提升景观的观赏度。

（二）特色农业规划

根据旅游地的特色农业，如特色蔬菜、珍贵药材、稀有花卉等。利用高科技，对其进行专门研究，形成独具特色的农业研发中心；引进新品种、新技术，尝试融合和创新；努力创造“奇迹”，使技术走在国际最前端，获得众多客源市场。

（三）生态循环农业规划

在农业规划中，将有机农业与有机堆肥制作加以结合，充分利用太阳能和风力发电等环保型能源，合理改良和处理发酵后的禽畜粪便和生活污泥，构建生态循环农业系统。

对乡村原有的景观资源进行合理规划，融入旅游观赏、生态产业、农业体验、乡村民俗等元素；丰富和优化景观格局，改善生态环境，在保持自然植被完整性的同时，发挥其生态功能，实现农业景观规划所带来的价值。

六、地形地貌

乡村整体景观的打造需要以固有的地形地貌条件为基础，无论是道路景观、水域景观、田园景观，还是村落景观等，其规划与设计都要建立在地理背景之上。地形包括高原、山地、平原、丘陵、盆地五种，地貌则分为冰川、溶洞、山口、戈壁、喀斯特地貌等。

（一）山地和丘陵乡村旅游区

对于山地、丘陵旅游区的规划而言，主要是以地被景观、果园景观和农田景观为主。在保护山地原有生态林带的基础上，梳理山上的植物，使其形成层次分明、色彩绚丽的风景屏障。

（二）平原和盆地乡村旅游区

平原是指淮河、秦岭以北的平原地区和山间盆地，地势较为平坦，以农业生产景观和生态保护景观为主，如农田景观、果园景观和防护林景观等。通过大面积种植果园或大规模开展农耕劳作，形成与建筑相互协调、视觉效果良好的艺术景观。需要注意的是，主体景观的打造，容易成为整个景区的点睛之笔，如我国河北永清县的万亩果园，还有国外新西兰广阔无垠的牧场、普罗旺斯一望无际的薰衣草田等。

（三）独特地貌乡村旅游区

独特地貌的乡村旅游区要结合本地的农业、道路、建筑、植物、水系等优势进行合理规划，充分利用奇特的地貌资源，使之成为旅游吸引物，如喀斯特地貌、流水地貌、干燥地貌、黄土地貌、冰川地貌、海岸地貌等。

七、乡村水域

乡村旅游区的水域景观包括大量的自然水域和生产性的人工水体。自然水域如流经乡村的小溪、河流、湖泊等，人工水体如塘坝、水库等。乡村水体的设计要结合旅游区地形和整体植物景观，以安全性第一为原则，配合灯具、环卫设施等小品，形成优美的生态环境，充分展示自然格调，同时注意保护水体不受污染。

乡村水景的设计主要是从生态与功能两个方面出发来活化水景。生态活化是促进水体与陆地之间的交换、调节，驳岸处理方式是考虑的重点，如草坡入水驳岸、水生植物驳岸、人工驳岸和石头驳岸等，充分利用石材、草坡、水生植物等自然材质，运用土壤生物工程技术，促使水景驳岸表现出良好的自然风貌；功能活化主要体现在水景的乡土功能和休闲体验两个方面。小型的塘堰可从半自然的池塘改造为观赏水池、养鱼池、戏水池等，供游客观赏、垂钓、休憩等；至于沟渠和水库的设计，可结合植物和亲水平台，为游客提供休息区和观赏点。

第三节　乡村旅游景观的特点及设计原则

乡村旅游景观包括自然风光、文化特质、传统建筑、村落格局、道路系统和农田景观等，它的特点表现为生态性和完整性、乡土性和多样性、美观性和参与性、服务性和齐全性、生产性和可持续性。

一、乡村旅游景观的特点

（一）生态性和完整性

乡村旅游景观的生态性表现在两个方面：一是乡村旅游区中的设施和环境，设施往往采用天然的木、竹、石、砖等环保材质，环境的营造则以青山绿水、植树造林等因素为主；二是游客行为的自然性，如在爬山、游泳、滑雪等活动中，让游客有回归大自然的轻松感，为其提供一个休闲养生的绿色生态场所。生态系统的完整性是维持乡村旅游可持续发展的根本，完整性包括生物的多样性、植被的连续性和空间结构的完整性等。

（二）乡土性和多样性

乡土性是乡村旅游景观最基本的特征，彰显出乡村独有的田园风格和质朴韵味。景观的乡土性与地域性关系紧密，蕴含特有的历史文化，地方标识性较强，如成都的“农家乐”是借助川西坝子的民俗风情和巴蜀文化来吸引游客，体现了浓郁的川味特色；而山东长岛的“渔家乐”则是主打“海鲜”“渔民生活”，为游客提供亲身体验渔民之乐的机会。由于区域文化和环境资源的多样性，使得乡村旅游景观也呈现出多样性。充分利用清新有味的乡村风光、丰富多彩的民俗风情、别具一格的乡土文化、各具特色的民居建筑、趣味横生的传统劳作等资源，打造具有地方特色的乡村旅游景观。

（三）美观性和参与性

乡村旅游景观不仅给当地居民提供了舒适的居住环境，也给外来游客提供了良好的休闲环境，因此，景观的规划设计必须遵循美观性原则，旨在打造优美、静谧的乡村田园风光。植物种植和建筑布局的设计都要建立在审美的基础上，满足游客对景观的美观性需求。此外，乡村旅游景观也具有明显的参与性，如游客可在休闲农场进行下棋、品茶、观光等，也可在水库、湖泊、鱼塘进行垂钓，还可在绿色生态跑马场上进行锻炼，在森林公园中修养身心等。

（四）服务性和齐全性

乡村旅游景观不仅服务于当地居民的日常生活，还为外来游客提供暂时性的娱乐服务。因此，要全面考虑交通、居住、饮食、娱乐、购物等，兼顾旅游区的未来发展，不断完善配套设施，提高景区服务质量，如游客服务中心要专门设置咨询中心、购票中心、医疗中心和休息区等，配套设施方面要设置生态厕所、休闲坐凳、垃圾桶、电话亭、餐饮部、品茶室、停车场等。乡村旅游区的服务设施要注意把握齐全性。

（五）生产性和可持续性

乡村旅游与其他旅游区的不同之处在于独具生产性，这是乡村旅游的一大优势。乡村旅游可以充分利用农业结构，打造农业观光、蔬果采摘、动物养殖、特色科技等，不仅使游客收获农趣，还提高了农业经济收入。乡村旅游景观的可持续性是整个生态系统循环发展的重点，也是乡村可持续发展的关键。

二、乡村旅游景观的设计原则

（一）坚持以农民和游客的需求为核心

村落作为农民日常生活的基本场所，对居民极其重要，因此，在乡村景观的建设和改造中，应尽可能地保证农民的生活环境和生活方式不受影响，甚至破坏。乡村旅游景观设计要追求“以人为本”，坚持以农民和游客的需求为核心，针对游客的喜好来营造景观环境，满足他们的身心诉求，同时，优化乡村人居环境，改善村民的生活质量，提高服务水平。

（二）保持村落的传统特色，避免城市化

传统的村落景观不仅能够体现出乡村的自然特色，也使乡村在长期的发展中形成了文化特色，是乡村旅游景观的灵魂，也是吸引游客的重要景观元素，更是传承传统文化的载体。因此，在景观建设中，要保留传统村落景观的独特性和差异性，不能一味地效仿城市景观而丢弃村落的传统美，不能破坏乡村原有的自然生态和历史风貌，应避免乡村旅游景观的“城市化”。

（三）保持自然景观的完整性和多样性

人类活动或多或少会对自然景观造成干扰。类型多样的自然景观是乡村的自然遗产。景观的完整性和多样性是开展旅游活动的前提，也是维持生物多样性的载体，保持自然景观的完整性和多样性，是保证生态可持续发展的重要举措，更是乡村旅游景观规划中的重要原则。

（四）深度挖掘乡土文化，重视文化传承

继承性是乡村文化得以延续的根本，文化资源的独特性是促进乡村旅游业发展的根本动力，也是旅游区发展的绝对优势。在乡村旅游景观的建设中，要高度重视地域文化、历史文化、民族文化的挖掘和传承，采取一些必要措施来保护乡村的历史遗迹、民族文化和民族精神等，避免乡土文化的流失。同时，必须避免规划建设中的盲目跟风现象，保证乡村村落的可持续性发展。

第四节　乡村旅游景观的设计方法

基于乡村旅游景观的特点和设计原则，提出不同的设计方法，着眼于乡村的精神文化、物质文化和行为文化，将乡村文化分为三个结构层次，即乡村旅游节点景观、乡村旅游廊道景观和乡村旅游域面景观，以乡村的物质文化来指导体验型景观设计、以乡村的行为文化来指导参与型景观设计、以乡村的精神文化来指导感知型景观设计。

一、乡村文化与乡村旅游节点景观设计方法

（一）文化与乡村生产节点旅游景观设计

1. 文化与农业生产旅游景观

(1) **农耕文化体验园**

中国有着悠久的农耕文化，经历长期的农业生产活动积累了宝贵的资源。地理环境的差异引起农耕技术的不同。在对农业生产旅游景观进行设计时，要注重农耕文化的应用。农耕文化体验园营造出农耕文化的意境，让游客亲近大自然，享受乡趣。农耕文化体验园意境的打造可从以下三个方面着手。

在物质文化方面，强调农业生产的文化内涵，在水车、风车、麦场等劳作场景的基础上，向游客重现农耕生活景观，营造农耕文化的主题氛围。

在行为文化方面，强调农业劳作的行为内涵，让游客亲自参与下田耕作、播种、采摘等项目，还原劳作过程，举办农事节庆活动，增加文化的参与性。在园区里展示生产工具，以此表达传统的农耕文化，让游客亲自动手体验的同时，感受农耕文化的魅力。

在精神文化方面，悉心打造乡村夜景，融入当地特色文化，灯光的选择要有别于城市霓虹，突出明月清辉的乡村文化氛围，体现田园景观的独特魅力，给予游客新奇感。借助农耕文化的主题空间，让外来游客参与到文化体验活动中，与当地村民共同营造乡村文化意象，使游客获得对农耕文化的深刻感知。

(2) **乡村田园景观**

乡村有着清新的空气、怡人的风景和广阔的田园，是很多城里人梦寐以求的地方。人类为了生存，对大自然进行开拓，最终形成了乡村田园景观，是乡村旅游景观开发中最基本的资源。乡村不同的地理环境造就了不同的生产方式，使得各地的乡村景观也显得不同。乡村旅游景观在设计时，要注重与其生产方式的融合，打造充满生机与活力的田园景观。

乡村田园景观要强调动静结合，以休闲观光为主。依托乡村丰富的自然资源、奇特的地形地貌、美丽的林海山泉等，打造登山、滑雪、摄影等乡村旅游活动。乡村田园的自然景致有梯田、麦田、江南水乡、平原田园、高原田园等景观。还可利用现代农业种植技术，打造农业观光园、水果采摘园、花卉种植基地等，使游客进入园区进行观光、采摘、种植等。游客既可置身其中欣赏田园景观，又可通过动手亲自体验田园乐趣。因此，在设计乡村田园景观时，要注重观景体验，还要注意参与性，使游客在乡村旅游中充分体会田园生活的动静之美。此外，在乡村田园景观设计中，可借助淳朴的乡村生活来开展特色旅游，如开展农家乐度假形式的旅游项目，除了提供传统的农家美食外，还可举行篝火晚会、露天电影、月下茶话会等活动。

2. 文化与牧业生产旅游景观

以乡村的畜牧业为基础，打造生态观光畜牧产业园，使其兼具旅游观光和物质生产的双重功能。将畜牧业与旅游产业相融合，共同发展，延伸产业链。生态观光畜牧产业园的景观设计要突出特色，强调当地的主题文化内涵。产业园的选址要因地制宜，草原、山地、牧场、农场均可，但不同的地方要展现不同的文化内涵。

在物质文化方面，以产业园的场地、工具、产品等为基础，在景观中融入当地文化元素。旅游景观的设计既要体现生产功能，又要满足游客的观光需求，打造独具特色的牧业文化主题空间。

在行为文化方面，着眼于当地的传统养殖方式，使之与现代生产技术相结合。景观的设计要注重游客的参与度，如喂养小动物、学习养殖方式等，打造特色的畜牧生产示范区。

在精神文化方面，通过牧业文化主题空间和文化参与体验活动，共同营造出唯美的乡村文化意象，使游客对牧业文化有了全新的认识。

3. 文化与渔业生产旅游景观

近年来，海洋生态环境遭到破坏，很多地区开始限制捕鱼。传统的渔村不得不寻找新的发展，闲置下来的渔业生产工具，如渔船、渔具等都可作为旅游景观设计中的素材。渔业旅游景观设计可从静态和动态两个方面展开，但要注意保护传统渔村的渔文化。

由于渔业生产所依托的自然环境不同，这就使得渔业生产旅游景观在设计时会出现诸多差异，渔业生产与渔村环境息息相关。因此，景观设计的前提是开发和保护渔村的原有资源。在设计中，突出展示渔村文化、人物故事等，营造当地的文化主题氛围，打造独特的渔业生产旅游景观。

在物质文化方面，以码头、渔船、渔具及渔民的生产生活场景等作为渔业生产旅游景观设计的基础，表达渔村民俗文化的内在意义。建设主题民宿、渔家乐等休闲设施，营造渔文化的主题氛围。

在行为文化方面，充分挖掘渔村传统的渔业生产方式，鼓励游客进入生产场地，尝试使用生产工具，亲自参与渔业的生产活动。

在精神文化方面，将特色的渔文化元素融入设计中，打造和谐的渔文化生产旅游景观。以乡村的渔文化为指导，开展渔业生产活动，帮助游客切实感知独特的渔业文化。

4. 文化与林业生产旅游景观

由于传统林业难以满足人们的生活需求，只有将林业生产与其他产业相结合，实现自身的转型，才能谋求发展。我国有着丰富的林业旅游资源，如林家生产生活方式、林文化等，林业可与现代旅游业联合开发林业养生、观光旅游等项目，在保护林业资源的同时，产生直接经济效益。

在物质文化方面，林业生产水平不断提高，与其他产业的融合日益紧密，为了实现林业的可持续发展，可将林业的生产场景、生产工具等作为林业生产旅游景观的基础，并打造林业生产、加工、旅游功能为一体的特色生态林业产业空间。

在行为文化方面，林业产业旅游景观的设计要融入当地传统的生产方式和先进的生产技术，突出产品的创新性及其附加价值，建设林文化手工体验馆，让游客参与林业产品的制作。

在精神文化方面，建设林家小屋，陈列传统林业手工制品，开展野外拓展、林间烧烤、品尝林家菜等活动，以景观观光和林间活动为基础，将当地的林文化融入旅游中，打造特色林业主题旅游空间，为游客提供感知林文化的机会。

（二）文化与乡村生活节点旅游景观设计

1. 文化与物质生活旅游景观

（1）**乡村文化广场**

乡村文化广场是长期乡村生活所形成的活动场所，是村民们的公共活动区域。由于乡村文化的差异，各个地区的广场也呈现出不同特色。乡村文化广场景观的设计可融入当地的文化主题、建筑标志、村民习惯等，以当地特色文化为指导，采用多样化的表现形式，如开放型、半开放型、封闭型等，打造别具一格的乡村文化广场旅游景观。

（2）**文化主题民宿**

乡村建筑是村民长期生活的产物，是人们居住的场所，将这些建筑与旅游产业相联系，在解决游客住宿问题的同时，还能体现出乡村建筑所蕴含的文化内涵。此外，对乡村建筑进行改造，设计充满乡村文化元素的主题民俗，将文化融入民宿的整体空间中，但要保留乡村建筑的原始形态，从民宿的外形、材质、色彩等方面着重考虑，让游客在居住时能感受到乡村的文化底蕴，收获独特的住宿体验。

乡村民宿是在当地传统民居的基础上进行改造，如果想要保持建筑的原始风貌，那么，在设计时势必会受到一定的结构限制。地域不同，乡村建筑也会有所差别，民宿材料的选择要遵循就地取材、废物利用的原则，将当地的建造工艺体现于民宿的结构上，如云南有着丰富的竹林资源，建造的民宿大部分用的都是竹子。此外，民宿的内部装饰也要贴近文化主题，如艺术类主题民宿，可借助壁画、雕刻等方式，融入当地的民间艺术元素；复古类主题民宿，可结合当地历史文化特色，在民宿的内部空间摆设仿古屏风、洗漱用具、复古睡床等来烘托文化主题。建造乡村民宿的目的是给游客提供个性化体验，民宿空间环境的设计要充分考虑当地环境，还要注重景观体验的多变性，如增加会客空间、组织民俗活动等。旅游淡旺季要营造不同的文化氛围，丰富游客的乡村旅游体验。

（3）**乡村旅游景观小品**

在乡村旅游景区中，旅游景观小品除了能够点缀空间外，还有文化和实用功能。乡村生活的各种基础设施也可成为景观小品，如服务设施、装饰设施、照明设施等。虽然这些小品体积较小，但能起到美化景区环境的作用。需要注意的是，乡村旅游景观小品要与当地的文化主题相融合，小品的设计要融入乡村文化元素，在材质、色彩、题材等方面与周边环境有机结合，体现浓厚的文化底蕴，不仅实现完美的视觉效果，还能烘托景区文化的主题氛围，如西安大雁塔的诗词碑刻就有强烈的文化空间感染力。此外，乡村景观小品也要与当地所建造的基础设施相配合，强调文化主题。

乡村旅游景观中的服务设施，如座椅、亭子、观景台等，主要功能是供游客休息，其材质的选择要与乡村整体环境相融合，可以就地取材，木质材料是首选；色彩方面不能太突兀，应与其他景观小品相协调。

乡村旅游景观中的装饰设施，如雕塑、景墙、栏杆等，主要功能是美化景区环境，其材质的选择要融入乡村文化元素，设计上要追求创新，体现个性。

乡村旅游景观中的照明设施，如各个场景所用的灯具，应选择低碳节能的能源，避免污染乡村环境，提倡绿色环保意识。在设计时，要充分考虑灯具的具体用途，在灯距、灯光强弱、色彩、风格的选择等方面也要多加注意。

(4) **乡村旅游服务中心**

乡村旅游服务中心是集诸多旅游服务于一体的场所，也是游客见到的第一个景点。在设计时，应采用当地的建筑风格，还有工作服、墙体装饰、服务设施等，也要融入乡村的特色文化元素，烘托文化主题氛围，达到吸引游客的目的。

2. 文化与非物质生活旅游景观

(1) **社会组织与文化祠堂景观**

古代的大家族都会设立祠堂来供奉先祖，祠堂也是商讨家族重要事务、实行家法的地方，既有家族辉煌的纪录，又蕴含着深厚的祠堂文化。对乡村旅游祠堂景观进行开发时，要遵循修旧如旧的原则，保留祠堂原有形态。将旧时的家族祠堂与旅游业相结合，如江西祠堂的景观设计，在祠堂举行赣鄱传统采茶戏、婚嫁仪式表演、祭天祭祖仪式表演、品尝地方特色茶点等活动，将祠堂文化融入乡村旅游中。

古祠堂是先辈留下的宝贵财富，带有深厚的历史文化，会勾起游客的好奇心，可利用新媒体对文化古祠堂进行宣传，如电视、文章、画册等形式，还可开展家风家训类讲座，在祠堂内部陈列书画、家谱、家训等书籍，对古祠堂的旅游品牌给予推广。

(2) **风土民情与文化演艺景观**

乡村是传统地方曲艺的摇篮，曲艺给村民的日常生活带来无穷乐趣，也是乡村生活最流行的活动方式。地区不同，生活方式也会有所区别，形成的戏曲种类也会呈现出不同特色。我国的地方戏曲有近 400 多种，有五大戏曲剧种，即京剧、越剧、黄梅戏、评剧和豫剧。乡村生活给戏曲的创作和发展提供了宝贵素材，地方戏曲与乡村的风土民情息息相关，遗憾的是，有些戏曲逐渐淡化于人们的耳畔，面临消失的窘境。因此，在乡村旅游的开发中，一定要把传统的戏曲挖掘出来，对其进行弘扬和保护，这也有利于乡村旅游业的发展。

由于戏曲的独特性，好作品的表演需要一定功底，这就离不开时间的沉淀，挖掘乡村里土生土长的民间艺术家和文艺骨干，鼓励他们组成农民艺术团，并邀请专业人士对其舞台表现、戏曲唱法、动作表演等方面进行指导，这样不仅能解决当地人的就业问题，还能很好地传承戏曲文化。为了延长游客的停留时间，除了戏曲表演外，还可举办戏曲艺术讲座、戏曲短期培训、戏曲角色扮演等活动，帮助游客更深层次地感受戏曲，丰富他们的乡村旅游生活。

(3) **岁时节庆与节日活动景观**

乡村地区有着丰富多彩的民族特色节日，是村民在长期的生活中延伸出来的娱乐活动。乡村旅游的开发要充分应用这些文化节日，打造乡村传统节日文化主题，充分挖掘节庆活动，重现特色节日的庆祝过程，让游客亲身体验当地人的节庆生活。

节庆旅游项目的设计要具有审美价值的欣赏性，还要注重游客的参与度，充分利用它在时间上的连续性特点，根据不同月份或季节的节日，打造不同的乡村民俗文化产品，鼓励外来游客加入乡村的特色节庆活动中，如跳民族舞、唱民谣、骑马、龙舟比赛等活动。同时，给予活动参与者一定奖励，如发放旅游纪念品、发放地方特产、拍照合影等，加深游客对于乡村节庆活动的记忆。节庆活动的开展除了带动游客的积极性外，还要让他们在参与的过程中深刻了解乡村文化，提升旅游区的对外知名度，以吸引更多人来此观光游玩，增加旅游收益。通过对乡村传统文化的广泛传播，能够使各个民族更有凝聚力，一起努力创新。将传统文化用现代化的方式加以表现，不仅彰显出时代精神，还能让现代人重视和发扬民族传统文化。

(4) **价值观念与文化创意景观**

①语言文字与研学体验型景观

语言文字是乡村生活的口头文化艺术，在人与人之间的交往中形成，是民族文化的体现，地区不同，语言发音、文字形状、书写规则等也会存在差异。一个地区的语言文字能够反映出当地人的思维习惯和表达方式。我国一些古老的少数民族，他们的语言文字面临灭绝，因此，在乡村旅游开发中，要重视对语言文字的深入挖掘，形成旅游差异化，在传承语言文字的同时，实现旅游效益。

语言文字是乡村的特有资源，要促进它与乡村旅游的融合，在旅游活动中，带给游客多种形式的语言文字体验，如开展乡村旅游学、写生等活动，让游客参与和感受当地人的生活。另外，导游对旅游景点的讲解，可使用多种语言；可以拍摄和制作乡村生活纪录片进行循环播放；还可以在旅游纪念品、旅游设施、景区标牌上加入当地文字；在茶余饭后演唱当地的民谣民歌等，让游客随时随处感知当地的语言文化。此外，建立语言文字培训基地，加大对语言文字的培训力度，将其收集、整理、编辑成册，吸引语言文字研究者前来旅游，并进行学术研究。这样不仅能引起人们的关注，也能保护当地的语言文字。

②民间技艺与制作体验型景观

在古代，由于生活用品的缺乏，人们会制作各种精美事物来满足自身需要，民间手艺就是在这样的背景下形成的。民间技艺种类繁多，有雕刻、刺绣、剪纸、皮影、变脸、年画等。乡村地区有很多的能工巧匠，民间技艺是祖祖辈辈遗留下来的财富，凝聚着民族智慧，彰显出民族精神。因此，在乡村旅游开发中，要重视对传统民间技艺的弘扬和保护。

随着生活水平的不断提高，人们的审美观念也在发生变化，开始对民间传统事物感兴趣。在乡村旅游中，要注重传统民间技艺与现代科学技术的结合，创造出被游客认可和喜爱的时代性产品，录制传统工艺品的制作流程视频，借助媒体进行传播，让更多的人了解民间工艺。此外，可以组织当地的民间艺人，建设专门的民间艺术空间，开展工艺制作教学、民间技艺表演、工艺品出售等活动，如建造陶艺坊、剪纸中心、织绣工艺馆等；还可以将民间工艺制作的过程设计成三维空间游戏，让游客了解工艺品的制作过程，同时让游客亲自动手尝试制作。

③思维方式与主题体验型景观

博大精深的民族文化中有诸多名人文化，乡村地区的历史名人更是数不胜数，有纵情山水的文人，也有为革命牺牲的先烈等，就像成都的杜甫草堂、湖南的岳阳楼、湖北的黄鹤楼等皆因历史人物而声名远扬。历代名人都青睐于自然山水，它们会留下一些珍贵事件让后人歌颂，无形的遗迹有生平、成就、价值等；有形的遗迹有故居、墓地、诗词书画等。名人文化与乡村旅游之间有着非常微妙的关系，发掘当地的名人文化，对乡村旅游业的发展大有裨益。名人文化的表达与纪念性事物的融合，可通过主题公园的景观设计来表现，营造出缅怀名人的氛围。在空间布局上，可雕刻名人的诗词、著作、画像等作为墙体背景；主题公园的植被景观可融入名人元素；定期组织名人事迹讲座，并与游客互动等。需要注意的是，由于名人纪念性主题公园的建设依托的是历史名人文化，名人遗迹是最好的景观设计素材，因此，在设计时，一定要保护原有景观的历史形态，营造和谐宁静的纪念氛围，让游客身临其中，切实体验名人文化的独特魅力。

(三) 文化与乡村生态节点旅游景观设计

乡村生态景观是无人类活动参与和建造的原生态景观，保持着古朴的品质，遵循大自然的发展规律而不断演变，是自然与文化的完美融合。在生态景观的设计中，要严格遵循生态性原则，注重人造景观与自然环境的协调，让游客感受回归自然的乐趣，打造适合人类活动的生态环境。

1. 地质旅游景观

地质景观是地球不断演化的结果，在演化中，各种奇异的地形地貌就此形成。地球的不断演化还会产生具有当地特色的文化内涵，突显地质文化。在地质景观的设计中，要适当融入特色的地方文化，体现地质旅游景观的历史感。以保护地质遗迹为目的，建造集休闲娱乐、地质考察等功能于一体的地质旅游景观。

在物质文化方面，以当地的特色地质地貌遗迹作为景观基础，建筑、小品等景观的设计要与地方文化相融合，突出文化主题，打造别具一格的地质文化场景，并增强吸引力。

在行为文化方面，以当地的特色地质文化主题为中心，设计参与性、互动性较强的地质旅游项目，如玻璃栈道，给游客带来视觉上的冲击力；地质公园，展现地质结构变化，通过介绍相关历史人物，为游客科普地质知识。

在精神文化方面，用特色的地质文化来指导主题旅游空间的设计和地质旅游活动的开展，使游客深切感知地质文化。

2. 水体旅游景观

元代戏剧家马致远的古典诗歌“枯藤老树昏鸦，小桥流水人家，古道西风瘦马”，很容易让人在脑海中浮现乡村动人的秋景图。泉水、湿地、农田、池塘、湖泊等都属于独特的乡村水体景观，它的设计对改善乡村的人居环境非常有益，可实现乡村水体与整体环境的融合。乡村的水体充满生机，是一种自然美，与当地的历史名人故事不无关系。古人云：“水不在深，有龙则灵”，诗人借助水体的意境美来抒发情感，体现乡村文化的精神特质，让人们陷入无限遐想中。

在物质文化方面，乡村水体景观的设计要采用生态修复与环境整治相结合的方式。小桥流水景观要注意保留最原始的河道景观和桥体结构，通过对两岸水体的修复和整治来营造原始的文化主题氛围。

在行为文化方面，要尊重水体的自然规律，如自然湿地、水田型水体的设计要尊重自然。以自然景观为依托，满足村民农作需要的同时，使水体呈现出最原始的状态。至于泉水、池塘、湖泊等景观的设计，要融入当地的特色文化，重视生态保护，增加周边的公共服务和娱乐设施。

在精神文化方面，要保留原始的民居形态，让游客乘船观光游览，增加临水餐厅、客栈等，以烘托和谐的意境氛围、突显乡村文化内涵、营造当地特色水文化主题氛围，使游客深刻感知乡村水文化的无穷魅力。

3. 天象旅游景观

天象景观是乡村旅游景观中的稀有资源，但它存在时间和空间上的限制，具有瞬时性、地域性和独特性的特点。

在物质文化方面，天象景观本身就体现着无与伦比的自然美，无须人为创造，它可与其他旅游景观相配合，一起来营造意境。

在行为文化方面，不同地区的居民对天象景观的反应有所区别，同一天象景观赋予不同的文化内涵后，也会呈现出独特的画面。

在精神文化方面，天象景观的设计可采用虚实相生的表现手法，营造情景交融的意境美，如杭州西湖的断桥残雪、山东蓬莱的日出扶桑等，均与自然天象相关，且以天象命名。

4. 生物旅游景观

生物旅游景观主要包括动物景观和植物景观，奇特的动植物是旅游景观设计的重要对象，兼具旅游价值与科研价值，将其设计成为旅游景观，将会提升它本身的附加价值。

在物质文化方面，依托乡村的特色动植物资源，打造特色旅游区，生物景观的价值是无可估算的，可以建设自然保护区。

在行为文化方面，人与自然的联系不可分割，种族不同，对生物景观的认知也会不同。生物旅游景观的设计要尊重当地村民利用生物资源的方式，对其进行合理规划。

在精神文化方面，特色山体旅游景观的设计要突出文化内涵，打造特色景点，如泰山、衡山、华山等，皆因深厚的文化底蕴而名扬四海。

二、乡村文化与乡村旅游廊道景观设计方法

旅游中心地的形成得益于乡村旅游节点景观之间的相互吸引，两个旅游节点景观空间的连接形式呈现为带状积聚，而多个旅游景观节点空间则为块状。

（一）廊道主题文化与双节点景观设计

在物质文化方面，两个节点景观的设计要注意主题、布局、材质、色彩、比例等与周围旅游节点景观的协调统一。以廊道主题文化为指导，加强节点之间的联系。主题文化相同的两个节点景观之间的相互吸引，构成了带状的廊道旅游景观。

在行为文化方面，乡村旅游景观廊道的设计，不仅要尊重当地居民的生活习惯，还要考虑游客选择的差异性。旅游的目的在于体会别样的风景，收获心情的喜悦和身体的舒适。由于每个人的认知不同，喜欢的旅游景观就会千差万别，选择的旅游廊道形成类型也会存在差异。节点景观之间的相互吸引成为游客选择景点的关键因素。

在精神文化方面，人们对当地特色旅游景点的不同选择，加上节点景观之间的相互作用，用特色廊道文化来指导廊道景观设计，形成廊道主题文化空间，有助于游客了解和感知廊道主题文化。

（二）廊道主题文化与多节点景观设计

乡村旅游廊道景观往往是乡村旅游中发展速度最快的，随着旅游节点景观的壮大，节点景观之间的吸引力也在明显增强，廊道主题文化的面积得到扩展，对游客的吸引力越发提高。随着乡村旅游业的发展，新的廊道节点景观不断出现，不同主题的节点景观更具吸引力，乡村旅游廊道景观处于更新状态。

游客对旅游景观的选择主要集中于景观的知名度、参与度、趣味性、内涵等方面，因此，乡村廊道景观的设计一定要注意节点景观之间文化内涵的协调。以乡村主题文化为中心，设计不同的廊道景观，从景观布局、材质、比例、色彩等方面，对旅游廊道景观进行优化，并追求整条廊道景观的和谐与统一。

三、乡村文化与乡村旅游域面景观设计方法

通过节点主题文化与廊道主题文化的共性来指导乡村旅游域面景观的设计，保证节点景观、廊道景观和域面景观的协调，营造出域面文化主题氛围。

（一）节点与域面景观的协调设计

1. 节点与域面的文化主题联系

乡村旅游节点景观会以不同的方式来表达文化内涵，而这些文化内涵是人们在长期的生产生活中逐渐形成的，与周边环境有着千丝万缕的联系。因此，乡村旅游景观的设计要立足于当地自然环境，使旅游景观与周边环境保持一致。

2. 以节点主题文化指导域面景观设计

节点景观的外在形式体现于景观数量、材质、色彩、比例等各个方面，无论是其外在表现形式，还是内在的文化内涵，都要注意与周边环境的协调，避免在整体景观上显得格格不入。节点景观的域面布局应以节点主题文化为指导，注意景观的空间层次感，如景观要素对比、明暗强弱对比、虚实对比等，营造出无比生动的域面景观文化主题氛围。

（二）廊道与域面景观的协调设计

1. 廊道与域面的文化主题联系

在乡村中，不同旅游节点景观与不同节点景观之间的联系方式会有区别，最终形成与众不同的乡村旅游廊道景观，而不同的节点景观与不同的廊道景观也会受周边环境的影响，产生不同的旅游域面景观。因此，廊道景观的设计应与整体环境相协调，不能忽视局部的地形和文化内涵。

2. 以廊道主题文化指导域面景观设计

乡村旅游廊道景观在旅游域面景观上会存在不同的表现类型，这是廊道景观与域面环境相协调的方式，可从三种表现类型入手，即围绕式、直线式和无形状式，旨在营造乡村旅游的域面文化主题氛围。

围绕式主要是指乡村旅游景观廊道围绕于乡村旅游景观的周围，不穿过域面景观区域，往往体现在受保护的国家自然景观和文化景观中，此类景观设计可以减少人们对景观的干预；直线式则是把重点的乡村旅游节点景观连接起来，廊道景观的形状呈现为直线式，乡村的主题公园、古街区等大多采用这种设计方式；无形状式是以节点景观布局和当地地形地貌作为环境基础，将重点的旅游节点景观进行无规则连接，构成无形状的旅游廊道景观，这类设计一般应用于多变地形的旅游开发区。

第五节　国内外乡村旅游景观研究分析

本节从理论进展和案例实践出发，分别介绍了国外乡村旅游景观和国内乡村旅游景观的相关研究；总结了法国乡村旅游开发给我国的乡村旅游建设带来的借鉴和启示；最后指出国内乡村景观旅游的发展特点以及存在的问题，期待我国的乡村景观旅游能够针对这些问题进行深刻反思，以期获得进一步的成长和发展。

一、国外乡村旅游景观研究分析

（一）理论进展

乡村旅游起源于19世纪30年代的欧洲，其工业化和城市化在很大程度上推动了乡村旅游的蓬勃发展。然而，作为工业化和城市化的“先锋”，欧洲却迎来史无前例的污染和瘟疫，城市陷入混乱，居民不堪忍受，开始怀念清新安逸的乡村生活。时隔30年之久，1865年意大利成立了“农业与旅游全国协会”，这一事件标志着现代乡村旅游的正式开启，在此之后欧美国家的乡村旅游进入迅速发展阶段，理论研究成果相当可观。1898 年，英国著名的城市学家兼风景规划设计师埃比尼泽·霍华德发表了《明日的田园城市》一书，书中内容跟城市规划无关，而是提出社会变革的理念，提倡建设城乡优点兼具的田园城市。永久性的农业用地将整座城市包裹，铁路成为城与城之间的连接通道，并限制城市发展规模，禁止城市随意扩张。

一些欧洲发达国家如英国、德国、荷兰等，它们纷纷于 20 世纪 50～60 年代开始致力于乡村景观规划的研究，形成了较为完整的方法与体系，给其他国家的乡村旅游业发展提供了参考。与欧洲相比，美国的乡村旅游发展较迟，非常重视对本国乡村景观的保护。美国作为一个高度城市化的国家，国土十分辽阔，乡村占整个国土面积的 95%，居住人口仅 15%，城市化并未侵占乡村耕地，乡村拥有较高的基础设施水平。

（二）案例实践

欧洲的乡村旅游作为一种村野旅游形式，主要以休闲度假为宗旨、以游居野行为特色，强调一不干扰人文、二不破坏生态。在发达国家已经形成了多元化、多功能、多层次的旅游新格局。欧洲是乡村旅游的圣地，随处可见风景优美的乡村，如被称为“骑士之城”的普罗旺斯，是世界闻名的薰衣草故乡；塞纳河畔的枫丹白露，一个宁静而又干净的地方，其周边有许多美丽的乡村。以浪漫著称的法国每年都吸引大量游客前去度假，感受乡村的独特魅力。

普罗旺斯位于法国东南部，南近地中海，东邻阿尔卑斯山，属地中海气候，温差较小，冬季温和多雨，夏季炎热少雨，气候宜人，空气清新，地中海的蓝色海水仿若水晶一般，每每让游客流连忘返。每年日照长达 300 天，虽然地处山区，使得采光受到影响，但正是这样的“层峦叠嶂”给游客观赏薰衣草提供了最佳角度。一望无际的薰衣草花田，配上法国特有的民间建筑，给前去普罗旺斯的游客带来了无与伦比的美感，不论是非，莫谈宠辱，闲看眼前花开，漫随天外云卷，如果说旅行是为了让人暂时放下生活的重担，那么普罗旺斯会带给你自由、喜悦和归属感。

法国的乡村旅游开发给我国的乡村旅游建设带来了很好的参考价值。首先，要尊重居民意愿。乡村是村民赖以生存的地方，祖祖辈辈安居于此，开发前务必征得当地居民同意，开发乡村旅游景观旨在提升村民的生活质量，而非政府形象工程，严格遵循“以人为本”的发展理念。其次，转变经营主体及方式。政府支持和管理乡村旅游的经营方式，确实能够节省经管费用，但项目难免雷同，甚至存在恶性竞争。法国的乡村旅游是由企业统一规划与管理，村民参与经营，政府主要负责政策调控、改善投资环境、协调各方利益，这种方式使得乡村旅游更加规范有序。再次，推行质量认证。乡村旅游的餐饮、住宿、购物等方面都要严格规范，质量达标者才能经营，促使乡村旅游经营者切实提高管理水平，保障游客合法权益。广大游客在旅游过程中遇到食、宿、购等相关问题，可通过投诉来有效解决。最后，开发特色旅游项目。乡村旅游切忌脱离乡村性，换言之，就是保留原有乡村特色。法国的乡村景观建设追求故意“乡村化”，即乡村整体样貌不变，无论是建筑风格、出行工具，还是生活状态、日常用具等，都要保证“村味儿”，同时在乡村旅游建设中还会特意添加一些元素，如老旧家具等，而国内的乡村旅游添加的却是一些典型的城市娱乐设施，如酒吧等。除此之外，国内的乡村旅游项目大多为小吃、饮品，口味参差不齐，或是那些缺乏创造性的公园；而法国乡村旅游则注重旅游产品内涵，无论是游览观光，还是亲自参与，都是为了鼓励游客自我突破和提升，强调创新旅游产品。这一点值得我们深思。

二、国内乡村旅游景观研究分析

（一）理论进展

20 世纪 80 年代，我国对于乡村景观的研究开始起步，内容包括乡村的聚居环境、景观分类、景观评价、聚落景观、农业景观、景观园林、景观旅游和景观规划等，主要集中于景观生态学、农田景观、乡村环境、乡村景观旅游等方面。

乡村景观分为人文景观和自然景观两种。人文景观是指受到较多人为作用的景观，如建筑、道路、农田、各种民俗活动；自然景观则是未受或少受人为作用的景观，如山林、湿地、沼泽等；我国在 20 世纪 90 年代前，乡村聚落景观大多关注景观位置、形态、功能、布局等方面，进入 90 年代，空间结构、分布规律等成为研究重点；乡村景观评价旨在总结乡村景观资源的优劣程度，以及存在的问题，为更好地发展乡村景观和改善乡村环境提供依据。

（二）案例实践

我国的乡村景观旅游中有相对成功的案例，如苏杭的乌镇、西塘等，陕西的青木川古镇、袁家村等，山东的竹泉村、石头部落等。

以山东的竹泉村为例。竹泉村位于山东省沂南县，因村有一泉且泉边多竹而得名。竹泉村设置凤凰迎宾、三分乐土、田园闹市、梅竹幽境、东篱别墅、泉上兰亭等景区，可提供饮食、住宿、娱乐等服务。竹泉村的改善和维修是建立在原有村庄的基础上，建筑形式为当地的石材平房，北方地区较为缺水，开发中充分利用村内的泉水，流动于村落与道路间的山泉水，为竹泉村增添了几分灵动之气。竹泉村的夜晚会闭门谢客，无过多灯光干扰，月色下，美丽的村庄静谧安然，风吹翠竹、飒飒作响、泉水叮咚、夜莺浅唱，如此美景，吸引了无数城市游客前来感受自然之美。

三、国内乡村景观旅游的发展特点及问题

（一）大拆大改大建

一些地方将新农村建设片面理解为新村建设，大规模地破“旧”翻“新”，许多古村落遭到破坏，大肆盖新房、建新楼，导致那些有文化价值的乡土建筑永久消失。

（二）盲目引进经验

一些地区将城市规划和景观设计不加修饰地搬到历史文化村落中；笔直的马路和河道逐渐取代了弯曲的道路和河流；城市的广场、草坪、建筑堂而皇之地进驻古村落，导致村庄丧失了原有的结构肌理和独特的文化气息；原本拥有历史文化魅力的村落景观沦为“千村一面”。

（三）破坏乡土面貌

乡村居民向往城市生活的便捷，于是开始各种改建或翻新，村民在建造时不会去考虑保留原有建筑样式和材料，选择水泥、瓷砖等建筑材料，导致原有乡土建筑面貌被掩埋，地方乡土特色走向“自毁”。

（四）过度开发景观

乡村景观旅游的开发是在当地政府的支持下进行的，政府为了追求经济效益往往会忽略对乡村生态环境的保护；为了接待更多游客而兴修马路、娱乐设施、餐饮服务等；这些项目彻底打破了乡村原有的宁静，游客不断增加，导致乡村生态环境不堪重负。

（五）缺乏合理规划

由于乡村旅游缺乏合理规划，以至于景观格局陷入混乱。“现代化”的生活模式严重影响人类的生存环境，大部分居民习惯于统一、规范的主流价值，“三缺”状态日益明显，即缺乏特色、缺失多样化、缺乏本土性。我国的村庄规划总体水平较低，村镇总体布局呈现为“千篇一律”。

（六）生态问题严重

乡村建设缺乏科学规划，景观布局不合理，使得乡村景观失去整体性，支离破碎的景观环境难以形成健康的生态系统。一味地追求经济利益，想要快速实现“乡村城市化”发展，以及全国各个地方过度开发和盲目利用乡村景观资源，严重破坏了乡村生态系统的平衡，景观生态问题越来越严重。

第三章　乡村景观的审美要素分析

乡村景观旅游是经济、文化、教育、审美等因素的综合体，面对现今经济优先的社会大形势，强大的经济功能支撑着旅游业的发展，但其内在的审美要素也不容忽视。不断增长的经济利益是为了提升人们的生活质量和整体素质，创造更加美好和谐的社会环境，最终实现国家的繁荣昌盛和百姓的安居乐业。因此，除了经济因素外，乡村旅游的发展还要体现"以人为本"的人文关怀意识，更重要的是景观的独特美感和乡村的特色文化。本章首先界定了美与审美的概念，紧接着对乡村旅游的审美构成进行分析，明确乡村景观的审美价值，最后挖掘出构成乡村旅游景观的审美要素。

第一节　美与审美的概念界定

一、美

美是能够让人赏心悦目的人或者事物。从字形上看，"美"的上半部分是"羊"，下半部分是"大"，有味道鲜美之意，由此延伸出美的含义。乡村景观审美中的"美"：一是色、声、味、态的好，如美味佳肴、落落大方、良辰美景等；二是才德或品行的好，如德才兼备、风华绝代、冰清玉洁等；三是善事、好事，如"君子成人之美，不成人之恶"；四是外表美，如天生丽质、闭月羞花等。将这些"美"置于乡村之中，无外乎看得见、听得见、闻得见、摸得着的现实美，而乡人、乡情之美往往会被忽略。

所谓"仁者见仁，智者见智"，人们对美的看法皆有不同，同一个人处于不同的年龄阶段，面对不同的情境和心境，欣赏美的眼光也会存在差异，虽因个体差异对于"美"的定义不同，但其大体方向还是一致的。

二、审　美

所谓审美，即人们理解世界的一种特殊形式，是认识、感知、欣赏、领会具体事物或艺术品的美。人的审美追求旨在提高自身的精神境界，促进个人成长，创建和谐世界，让世界因我而变得更美好，这也是和谐审美观的基本观点。审美是人们针对某一事物进行评判的活动过程，可见，审美带有一定的主观心理，按照自身的要求去对事物作出看法，其偶然性不可避免。同时，受制于客观因素，以及每个人所处的时代背景，审美的评判标准往往会受到直接或间接的影响。

三、中外的美学理论

西方的美学理论要追溯到古希腊时期，一些专门研究宇宙构成的哲学家最早提出了比较系统的美学思想，他们认为宇宙是由某些元素依据一定的"秩序"而构成的。公元前 6 世纪的毕达哥拉斯学派认为，数的秩序、比例、尺度等，不仅形成了宇宙万物，还成就了宇宙的和谐。

美就是源于这种和谐，如音乐美，是由诸多长短不同、高低各异的声音，按照数的比例关系所形成的和谐。可将整个宇宙视为一曲和谐美妙的音乐。这是“天体音乐”的观点，还有“黄金分割”“多样统一”等形式美学，都是根据数的秩序提出来的。可以说，节奏、对称、和谐等形式观念，是希腊美学思想的理论基础。而古希腊伟大的哲学家柏拉图和亚里士多德对美、艺术进行了真正意义上的哲学思考，构建了系统而又完整的体系，成为西方美学思想的奠基人物。

总而言之，由于开放的社会环境和人文思想，西方美学理论的形成过程较为复杂。通过对宇宙时空进行观测，总结出数学规律，强调对称、比例、黄金分割等。在西方美学的发展中，这种严格的比例关系逐渐得到拓展，对景观设计、园林规划等产生了深远影响。

与西方的美学理论相比，中国的美学更加源远流长，注重人与自然的和谐。中国美学并不刻意强调严格的尺寸与比例，而是讲究“浓妆淡抹总相宜”的自然美。孔子作为儒家美学的创始人，其美学思想建立在“仁”的基础上，他将外在美称为“文”，内在善称为“质”，文、质要统一。外在形式的美给人带来感官上的愉悦，内在道德的善带给人心灵上的感怀，将两者加以统一，才能真正发挥出美的价值。真正的美并不是“千秋无绝色”，也不完全是“出淤泥而不染”，而是人与人之间的互助互爱，以实现“仁”为最高准则；道家美学的创始人是老子，代表人物是庄子，他们认为，真正的美并非世俗上追求感官声色的愉悦享受，抑或权势欲望的恣意满足，而是同自然无为的“道”合为一体，超越了人世的利害得失，追求精神上的绝对自由。“朴素而天下莫能与之争美”“淡然无极而众美从之”，都表明了美在于超功利的自然无为。

总之，中国的美学观点主张的是人与自然、人与人的和谐共处，天地万物的存在本身就是一种美，人应该尊重和顺应自然，从自然中捕捉灵感，感知无与伦比的美。如果说，西方的美学理论侧重于“形”，那么中国的美学理论则讲究“意”。目光所及之处皆是美，要用心体会更深层次的“意境”。中国的审美意识融入古典园林的规划设计中，形成了“虽由人作，宛自天开”的艺术手法，为园林设计留下了浓墨重彩的一笔。

第二节　乡村旅游的审美构成

古代先贤们对于美学的讨论经历了极其漫长的过程，美的本质问题也是众说纷纭、莫衷一是，但无论是何种美学理论，都承认“人”在审美活动中的主体地位，审美是因人而存在的精神活动。因此，在乡村旅游的审美构成中，乡村旅游经营者和旅游者均可作为分析自然的主体，乡村旅游客观地呈现出审美元素，参与者按照美的原则及规律来规划、设计、整合乡村资源，诠释乡村旅游活动的美。

一、乡村旅游的客观呈现

乡村旅游活动存在的基础在于乡村作为旅游目的地所呈现出的可供旅游者感知的“客观”事物，主要依托乡村客观存在的景观资源，包括原生景物、人为改造后的景物、相关活动等。旅游者通过视觉、听觉、嗅觉、味觉、触觉等感觉器官来获得美的体验。可以说，乡村旅游资源是旅游活动存在的前提，也是产生美的基本条件。旅游资源是旅游目的地具有的吸引旅游者的一系列“存在物”，可以被直接感知，也可被间接体验。乡村旅游呈现给旅游者的资源往往具有多重价值属性，包括乡村的自然环境、人文景观和精神生活。乡村的自然环境包括花草树木、山水河湖等，与那些追求刺激体验的野外自然有着明显区别，乡村中的自然强调的是特有的田园风光，具有很大程度上的安全性，呈现形式多为宁静、有序和舒适，会让旅游者拥有身心愉悦感。即便是山川河流这些形式上远远超越个体的景物，也会让旅游者有种壮美体验。乡村的人文景观包括传统的建筑、祠堂、村落等，凝结着历代村民的生产生活痕迹，人文景观往往不注重外在的可观赏性，而是抛开赏心悦目的视觉体验，强调附着在实物上的文化内涵，通过现有时空去表征先前时空的存在，因此，乡村的人文景观属于双重时空的旅游资源；乡村精神生活主要体现于独具特色的民风民俗中，借助带有仪式感的群体活动来了解和感知精神层面的生活。乡村的精神生活与人文景观相比，同样蕴藏历史积淀，但更多的是强调积淀后的融合。质朴的民风、和谐的氛围、悠闲的生活等抽象层面的东西，大多需要依托钓鱼、划船、采摘等具体的乡村特色活动而被感知，这是旅游资源的客观呈现。

二、经营者的审美创造

旅游经营者的审美创造是乡村旅游开发者根据美的规律及原则规划乡村旅游资源过程中所表现出的美学意识。乡村旅游具有天然的经济属性，对乡村旅游资源进行整合开发时，开发者的设计初衷就会不自觉地倾向于经济效益。开发者最重视的是乡村旅游的经济作用，而对旅游资源的规划和改造也是一种实现美的途径，然而，如果将经济利益作为最终目标，那么这个审美创造的过程就难免沾染功利色彩，好在它并不妨碍创造中按照美的规律、原则来具体实施。作为旅游目的地的乡村，必然有着独具特色的自然资源、文化资源等，这些资源以其新奇性和特殊性吸引着五湖四海的游客，当然，这些资源中会有前人的智慧，如乡村的建筑，建筑的主体是人，通过观察建筑的风格、结构、材质等就能感受到前人创造的艺术美。此外，人烟之处就有情，一草一木一山一水自然就有了人的灵气，使得乡村更加显得生机勃勃。不可否认的是，无论是体现前人审美思想的建筑，还是现存的其他景观，大部分都有着原生美，它悄无声息地分散在乡村的土地上，默然地参与村民的日常生活，而乡村旅游所需的景观资源要具有一定的集中性、强烈性和展示性，这就要求开发者必须按照美的理念，以及符合审美的方式来布置安排，以便旅游者前来集中欣赏。旅游开发的目的是在现实世界中发现美，并按照美的组合规律来创造美，使分散的美集中起来，形成相互联系的有机整体，把复杂、粗糙、原始的美中那些不美的部分过滤掉，使得这种美变得更加纯粹、细腻、经典，使易逝的美经过创造和保护后，能够跨越时空，长久留传。因此，虽然乡村旅游资源开发者的最终目的是追求经济利益，但开发中依然是以美的规律为指导来整合景观资源的，正是在这样的契机下，美学理念占据上风，成为旅游经营者审美创造的行事原则。

三、旅游者的审美发现

自然界的景物都是客观存在的，乡村中的旅游资源不会因旅游者的不同而敞开或遮蔽，它们美的特征不会消逝。同一旅游目的地的旅游者所面对的景观客体都是相同的，微妙之处就在于每个人得到的审美感受是千差万别的，这与旅游者自身的情况不同有关，因此，影响旅游者在乡村旅游活动中收获不同审美体验的主体因素，大为旅游者的审美感知力和审美想象力。

一般而言，旅游者来自不同的地区，由于生存环境不一，导致每个人的生活阅历、文化背景、社会地位、价值体系等因素存在差异，以至于每一位旅游者的审美感知力皆有不同，即便是面对同一种景物，人们所获得的美感也不尽相同。在审美活动中，感知因素往往发挥出先导作用，这与审美对象的感性形象不无关系。人类在衍化过程中分化并完善了各种感觉分析器官，这些器官在生理功能上与动物无异，但经过长期的社会实践，人的感知器官折射出一定的社会历史内容，表现出很大程度上的丰富性；如能倾听旋律美的耳朵、能发现形式美的眼睛、能感知品行美的心灵，这些都能成为人所享受的感觉，这是人与动物的区别；同时也产生了人与人之间的感知差异，如每个人都拥有享受乐曲之美的耳朵，但在同一场音乐会中，普通听众与音乐造诣高的听众所获得的听觉美感截然不同；面对同一幅画作，不同文化程度的人在欣赏时所获得的视觉美感也存在不同。同样的道理，在乡村旅游中，沉醉于山明水秀的大自然中，一些旅游者是被景物的外在形式所吸引，还有一些旅游者则是感叹自然的生命力。面对同一种审美对象，人们也会存在有无美感的差别，如面对古老的建筑、斑驳的墙壁，一部分人感受到沧桑的岁月、流逝的年轮，还有一部分人会透过破旧的物质实体去感叹前辈们的智慧，当然也有一小部分人只是匆匆而过，甚至避之唯恐不及等。可见，旅游者的年龄、学识、价值观、生存环境、生活阅历等都会导致其审美感知力的不同，进而得到不同的审美感受。

旅游者所具备的不同审美想象力也能使他们在旅游中获得不同的审美体验。想象的参与让审美活动从单纯的颜色、形态、材质、声音等欣赏层面延伸至物象的背后，思绪缱绻，绵延古今，将人的情感与外在景致衔接，达到情景交融。在旅游时，常常会发掘有些名字听起来很特别的旅游景点，如桂林的象鼻山、黄山的仙人指路等，如果抛开审美想象力，单凭肉眼去看，眼前的景物可能不过是一堆石块，但是如果旅游者充分发挥想象力，将这些模糊的原始材料进行“加工”，脑海中就会出现发乎自然而不同于自然的东西。自然景观只是一种静物，而通过想象却能赋予它们生命；如果说自然是一块未曾淬炼的矿石，那么人心就仿若一座熔炉，内在情感一经点燃，烈火之下的矿石就开始发生变化，最终成为新的形象呈现于眼帘。此外，审美想象力还可超越时空的界限，获得全新的审美感受。乡村旅游与其他旅游相比，其特色之处就在于建筑和文化皆有破败、古旧的味道，无须刻意修饰，如果说它的发展远远落后于现代文明，那么在时间的轴线上它却更接近先前文明，这是城市无可比拟的。因此，当旅游者背起行囊前往目的地去欣赏独特的乡村景观时，不妨带上想象力，透过先民遗留的生活痕迹，去感受生命的延续和生活的智慧，通过古今的连接，收获别样美感。

此外，需要注意的是，旅游者凭借自我审美感知力和审美想象力去发现美、欣赏美的同时，也在创造美。可以说，旅游者既是乡村景观的挖掘者，也是景观美的创造者。如果沉醉于美景的游客具备良好的艺术创造力，将眼前的美，经过一番心灵过滤和酝酿加工，借助特定的媒介，如摄影、绘画、游记、音乐、舞蹈等加以表现，就会对后来的景观审美者产生影响，促使游客与景观审美关系的不断建构。可见，旅游“先来者”对景观形象的塑造成为旅游“后到者”景观审美的心理铺垫和认知背景。因此，旅游者除了凭借自身审美能力成为旅游活动的审美者外，还可升级为审美中介，连接审美对象与潜在旅游者，将所见之美分享给后来的游客，促使下一次“审美事件”的发生。

四、乡村居民的审美参与

在乡村景观的旅游活动中，旅游者的审美对象除了旅游目的地的各种景观外，还应包括居住于旅游地的人，他们也是乡村旅游活动的重要组成部分，理当成为旅游活动中被关注的对象。一方面，真正的乡村离不开乡亲，完整的乡村旅游也不能缺失其中的乡民，他们是土生土长的见证者、鲜活的乡村图景载体。换言之，乡村中的人是乡村旅游活动的建设者，是构成和谐、融洽乡村氛围的关键。另一方面，村民的日常活动、劳作方式、节日庆典、农耕农收等生活场景均可成为审美对象，无须刻意呈现。但这些活动却将真实生活中那些难登大雅之堂的部分剔除，留下原始的乡村生活元素，根据整齐且符合视觉审美的原则进行人工选择，正是在这样的重组过程中，真正的乡村生活气息丧失殆尽，整齐划一的表演无法表现出不同地区的特色，“走马观花”式的视觉欣赏带不来绝佳的审美体验，农家人真正的生活场景才是乡村气息的精髓。此外，还可通过游客与村民之间相处的方式，来切实感受乡村氛围，从乡村居民的言传口述中进一步了解乡村，使所见的与所听的形成对比，也别有一番情趣。

所谓“爱美之心，人皆有之”，经过长期的生活实践，这种爱美之心通过不断的沉淀成为人的本能，而本能的核心力量就是审美需求，旅游者在这一本能的驱使下，会自觉寻求美的痕迹，主动参与到美的活动中。乡村旅游客观存在的审美属性促使旅游者渴望获得美的体验，促使他们进行审美活动的乡村旅游。

第三节　乡村景观的审美价值

乡村景观的审美价值有着明显的精神性，它注重的是审美对象带给审美主体精神上的满足；还具有情感性，表现出审美主体对于客体美的判断及接受程度。可见，精神性和情感性都是审美价值所依赖的特性。乡村旅游的审美价值除了精神性和情感性外，还具有整体性，以下从自然景物、人文景观和乡村精神生活三个方面来分析乡村景观的审美价值。

一、乡村自然景物及其审美价值

在中国人的审美意识中，人们的居住场所得益于自然，同时自然也作为审美对象而存在，人对自然的情感相当复杂。由于生产力水平的低下，先民对大自然存在畏惧和依附心理。人们对昼夜交替、四季变化、电闪雷鸣等自然现象缺乏科学认知，便开始崇拜自然。实际上，人类作为自然物的一种，内心极其渴望与大地融为一体，因此，对于长期生活在城市中的人们而言，自然有着无尽的魅力和价值，吸引着他们回归乡村，体会自然之美。

（一）发挥审美想象力，体验“风物传说”

自然对于人类的文化发展至关重要，人们会不自觉地为自然山水、动植物等附加灵性，如它们的来历、特征、命名等，从而衍生出诸多以自然为时空背景的神话传统，“风物传说”就此形成。从旅游审美的角度看，风物传说会勾起人们内心深处的“神话制作意识”，使其回忆起大自然原始的神秘力量，将人文活力灌注于自然景物中，构成富有文化、情感的景物形象。因此，在欣赏自然山水时，审美想象力得到开启，视觉中的景物会与头脑中的风物传说交织在一起，实现自然山水与人文因素的融合。这些自然景物除了以视觉为主要欣赏途径的美景外，还能凭借所附着的神话传说或类似物象来让欣赏者获得愉悦感；如，云南石林县石林景区的“阿诗玛”，身穿撒尼族服饰，肩背小背篓，仿若传说中美丽的阿诗玛，这种文化氛围的“包裹”，使旅游者在欣赏山石的同时，将山石的形状与阿诗玛的形象自然靠拢，将想象力赋予所欣赏的景色中。在“风物传说”的影响下，“命名”成为最常用的欣赏方式，景物背后的神话传说能有效激发欣赏者的审美想象力，使得审美空间更加广阔。

（二）回归自然，体悟“天人合一”

所谓“天人合一”，是将天、地、人三者视为相互作用、密切联系的统一体，我国古代的哲学思想就有人与自然和谐共处的内容。在乡村旅游活动中，个体与自然的交融能够帮助久居城市的居民暂时摆脱内心的孤独感，放下社会所赋予自己的多重身份，回归乡村，弱化自我，与自然融为一体，体验轻松自在的生存方式，享受生命的自由。人作为自然的重要组成部分，其生存需求都要仰赖于自然，亲近自然能让人产生强烈的归属感，真切地感受人与自然的和谐统一，唤起两者之间的亲密连接。在过度干预自然、破坏生态环境等日益突出的现代社会中，引发人们去关注和保护自然，在这一层面上，乡村旅游具有深刻的现实意义。如安徽江村，有清丽活泼的秀湖、曙色山巅的黄高峰、峭拔嶙峋的等，旅游者通过欣赏自然景物的美不胜收，感受与自然生命的应和，早于人类存在的大自然似乎以“长者”的身份默默审视着人类的发展，使旅游者在面对这些拥有高大形态的山川、河流、森林等景观时，顿觉生命之渺小，寻求身心之寄托，使他们在与自然风景的融合中，获得心灵的归属感，体悟到久违的安宁和自由。

（三）感受自然美，培养“优美灵魂”

城市有着几何感极强的高楼大厦、纵横交错的柏油马路、五彩斑斓的霓虹，这些外表虚浮的事物除了给人以高效的节奏和暂时的沉醉外，还会带来无穷无尽的孤寂和日复一日地压力，但是如果一个人愿意离开嘈杂的城市，前往乡村，感受大自然的美，使精神完全得到舒展，这样的选择真的值得尊敬，他的内心一定住着一颗优美的灵魂。一片静谧的乡村，无限接近自然，无论是草木山川，还是花鸟鱼虫，都以不同的形式和属性带给欣赏者无与伦比的审美体验，这些愉悦感、满足感在悠闲自在的氛围中自然而然地产生，无须理性思索、意志参与、思想过滤，简单而又纯粹。因此，在欣赏自然时，人们往往会抛弃现实生活中的喧嚣和压抑，在宁静的环境和平和的心境中感悟审美主体的存在，放慢节奏，倾听自我，让灵魂也随着大自然的无穷魅力而变得生动有趣。如果说悲剧带给人怜悯、伤感，能够净化人心，自然美景同样也能荡涤灵魂，让浮躁的心得以沉淀，尤其是依山傍水的环境、温暖朴实的氛围，更能安抚、洗涤旅游者紧绷的身体和浮尘的心灵。仿若明镜一般的湖面，清风徐来，波光粼粼，透过郁郁葱葱的树林，空气中有百花香、青草香、泥土香，耳旁传来鸟儿的歌声；还有泉水的叮咚声，这些毫无审美因素掺杂的、无比纯粹的美，使旅游者在自由、舒适、满足的情感状态下收获优美的灵魂。

（四）解放感性审美，引导感官审美

不可否认的是，与农村相比，城市的文化资源种类更加丰富，拥有高雅的艺术气息，如博物馆、书法展、画展等艺术品聚集地，让人在潜移默化地艺术熏陶中不断提升自己的品位。但对于艺术品的欣赏不能单纯地停留在感官欣赏层面，还要看到作品背后创作者的世界观、人生观、价值观等，每一个欣赏者的生活经验、人生阅历、文化积累、欣赏水平等皆有不同，以至于会获得不同程度的美感，这就需要感官刺激之后的思考，只有让理性的思维参与其中才能挖掘出作品更高的审美价值，这属于一种分离式欣赏方式，即审美主体与审美对象之间貌合神离。

可见，在城市的文化氛围中，理性占据主导，它的地位要远远高于感性，这就导致人类感性的发展被压制，使其处于认识活动的低级状态，但是，也正是由于人类感性的基础地位，决定了它的不可或缺性，“耳得之而为声，目遇之而成色”的审美方式与欣赏主体的身份、学历、背景、经验等因素毫无关系，在这些外在因素之外，它的魅力依旧存在。在乡村景观旅游中，旅游者无须考虑太多，直接用眼睛观看、用心灵感知、用耳朵捕捉即可，发挥出人类最原始的发现美的能力，无须“踏破铁鞋”就可欣赏到“不费工夫”的美景、美物。现代感性审美的缺失得到补足，感性审美重获自由，感官审美合理引导，人的情感也就获得了更加全面的发展。需要注意的是，乡村旅游景观的审美价值并非彼此独立、相互分离的，审美价值可体现于同一处自然山水中，只是不同自然景观带给人的审美价值突出程度有所差异，某一侧面的审美价值并不影响其他景观的价值。

二、乡村人文景观及其审美价值

人文指的是社会中的诸多文化现象，属于一个动态概念，乡村人文景观源于乡村特有的生产生活方式，受人为因素所主导，甚至被人为制造。如祖辈遗留下来的老宅建筑、家族祠堂等，即使是田地里的农作物也蕴藏着世代村民繁衍过程中积累下来的生活智慧，因此，乡村人文景观具有独特性。与西方的城市人文景观相比较，乡村代表着几千年古老中国人的生存状况，在时间轴线上成为过去与现在人文历史的连接。这种具有浓厚乡土气息和原始气息的生产生活方式在一定程度上弥补了城市生活的枯燥乏味，为去往乡村的广大旅游者带来了独特的审美价值。无论先前的文化经历了多久，它的痕迹依然存在于后来的文化中，虽然时光磨损了它们原本鲜活的样子，但现代人对于文化遗迹的珍视程度要远远胜于自然风景。换言之，由于乡村的文化痕迹带有珍贵的历史意味，以至于许多人文景观具有反复观赏价值。

一方面，乡村人文景观能够给旅游者带来跨时空的审美体验，将过去的美延伸到现代的层面来欣赏，使人感受历史的沧桑和时光的流逝。旅游者大多来自城市，日复一日地面对现代化和快节奏的生活难免身心疲惫，虽然乡村的经济发展较为落后，似乎跟不上时代潮流，距离现代生活较远，但也正是因为如此，在人文景观方面，乡村人文承载着数百年生存发展所需的智慧，展示着人们的生产、生活、娱乐等状态，使得不同地区的乡村人文彰显出不同的特色。实实在在的建筑、生机勃勃的草木、每一季的农作物等都是作为现存时空的景物而存在，无时无刻不在述说着人类社会的发展和延续，其中，关于历史的部分对这些时空标记物的存在具有重要意义。面对乡村人文景观，旅游者并不仅满足于视觉上的体验，风景一旦有了“立体感”，一草一木都会表现出自然且绵长的生命来。即使眼前的景观破败到难辨一二，昔日的景象实难再现，但当人们联想到人类的延续和变迁、万物的新生和凋零时，就会不知不觉地从单纯的风景中感悟到一些别样的诗情，此时，眼前的风景逐渐有了历史韵味。因此，旅游者借助“古迹”的岁月沉淀，在现代与过去的时空转换中陷入沉思，放下现实生活的重重压力、种种负累，心灵摆脱世俗的枷锁，在弱化自我的主体意识中以微不足道的生命去欣赏不可违抗的世事更迭，在精神完全自由的状态下收获无法言说的审美体验。除此之外，具象的乡村人文景观在时间维度上有短暂性和延续性的特点。这就使得旅游者可以在饱含历史意味的景物中感受时间的绵延和永恒，不自觉地把自己的生命接续于历史长河中，体会大自然的生生不息，仿佛与人的本质力量来一场隔空对话。从而敬重世代延续的生命，感受自我存在的意义。经久不息的生命是短暂且易逝的，人们总是乐此不疲地追求时空的永恒，倒不如用心去感知时光长河中属于人类的永恒记忆。

另一方面，乡村旅游活动并不仅限于使旅游者得以与历史中人类主体的本质力量进行隔空对话，它还会产生一种自我认同和集体认同。乡村作为发展落后于城市的边缘地区，其生活环境或多或少会带有历史的印记，人类最初为了生存，竭尽全力地去应对各种自然灾害，在足以灭绝人类的灾难中活下来，逐渐掌握自然的生存规律，但又发展到想要掌控自然的盲目自信中，这是人类顽强的生存欲望和生命意志的体现，而乡村的古老建筑总是默然地彰显着人类的生存智慧，旅游者在时空的交错中感受人的本质力量有助于引起对自我身份的认同，并且惊叹于祖先面对如此艰难的环境却繁衍至今的伟大，从而更加理解个体的存在价值，形成稳定的身份感。认同只是记忆问题，而记忆却能使人们超越自身经历的限制，在人类历史画卷中找到自己的一席之地，构建起集体认同感。认同的构建依赖于人们对整体的想象。通过丰富的想象力，在时间、空间上超越亲身经历的生活，形成一个整体性图景。这种想象力不是与生俱来的，也不是人人都有的，在现代社会中，与世隔绝的乡村居民就十分缺乏民族意识、国家意识，可见，这种想象力与教育有很大关系。人们透过教育去了解乡村所承载的历史，这种体验会激发旅游者去回忆想象中的历史映象，在漫长的历史长河中找寻自我，产生久违的归属感。一旦得到了自我认同，那么深沉久远的集体认可自然也会被激发出来。这就说明，个体对民族群体的认同十分有益，会主动融入其中，实现个体与群体的有机统一，从而摆脱个体独立性所带来的孤独感，对社会的团结和安定大有裨益。如沂蒙老革命根据地、井冈山革命根据地等，都在展现着人类在极端环境中顽强生存和世代延续的精神，这种精神永远激励着后人。在连通古今的过程中，人类展现出强大的生命力，进而实现身份认同和民族认同。

在乡村旅游中，一些旅游地专门走"古、旧、老"路线，将实体化的人、事、物所蕴藏的人文价值作为特色来吸引广大旅游者，就像山东临沂市的沂蒙革命老区，在地理区位上，它是以蒙山和沂水为标志的十余个县区；在历史因素上，它是抗日战争和解放战争时期为中国解放事业牺牲了的沂蒙人民曾经居住的地方。沂蒙山区的民居、设施、祠堂、地形地貌等能够充分展现出这一带的地域特色和生活场景，尤其是实体化的建筑、植物、石头等更具人文价值。对于和平年代的我们而言，虽未经历过战争，但通过各种学习方式对战争已然有所了解，当我们双脚踏上沂蒙老区的土地时，之前借助学习在大脑中形成的战争画面就会与具象的建筑事物自然相连。我们仿佛摇身一变成了跨时空的旁观者，似乎亲眼看到了抗战时期沂蒙人民处于水深火热中的艰苦和勇敢，将自己置身于历史中，用心感受红色的沂蒙文化。战争可以摧毁人们赖以生存的家园和惺惺相惜的亲人，惨烈到无以复加的地步，恐怖到彻夜难眠的程度，其破坏力带走了一切，唯独沂蒙人民的意志力亘古长存。他们积极投身抗战中保家卫国，这种坚韧不拔、艰苦卓绝、誓死不屈的精神不免让人心生敬畏，让旅游者感受到生命的价值，体会到强大的人性本质力量。当下的生活状态与历史人物的生存状态形成鲜明对比，人们在漫长的历史长河中实现自我认同，增强民族自豪感和自信心。

三、乡村精神生活及其审美价值

精神生活是在一定物质生活基础上产生的精神性生产生活活动，这就意味着不同的物质基础所导致的精神生活也有所区别。乡村精神生活会受到地域环境、生产条件、文化传统、民风民俗等因素的影响，最终形成区别于其他乡村地区的抽象化精神标志。如带有明显地方特征的世界观、人生观、价值观等，都会体现在百姓的衣食住行、生活方式、婚丧嫁娶习俗、节假日习惯、传统手艺、民族歌舞等非实体化的民族文化中，这正是乡村精神与城市氛围的不同之处，它在很大程度上填补了城市生活的空缺。

首先，人有着多重属性。如群居性和社会性，乡村活动的集体性特征能让旅游者切实感受群体生活，这一点表现在两个层面：第一，人的特有属性要求主体要在一定的社会关系中生存，一旦脱离群体生活，就会丧失人的某种特质，这就说明人不可能脱离群体而单独存在。人最初的存在就是彼此需要的，正是有了彼此之间的对比，才得以发现自身的能力。在群居性和社会性的影响下，人类通过对话来沟通彼此的想法，实现相互理解，增强自己的生活信念，同时也鼓励他人活出生命本该有的活力。与乡村相对和谐融洽的生活氛围比起来，城市中人与人之间的沟通较少，他们顶着生活的压力，像钟摆一样早出晚归，马不停蹄地为生活而奋斗，甚至不知道隔壁住了几十年的邻居长什么样子。高楼大厦阻隔了外在的风景，同时也削弱了生命与生命之间的碰撞和温暖。因此，群体性、共同性的乡村活动能够有效填补城市旅游者群居性、社会性的心理空缺。第二，人在群体生活中能够收获强烈的自由感。人作为一切社会关系的总和，无法逃避客观存在的社会关系，人们不得不在物质生产过程中竭力维系这些关系，借助这一过程，不断进行自我更新，创造理想中的财富世界。换言之，这种人类专属的社会关系使人们一度陷入矛盾中，既想要摆脱社会关系网的束缚，又渴望在这张"千丝网"中寻得自己的适当位置；但是前提条件是只有置身于集体中，才有可能获得全面发展、拥有展示个人才能的机会、享受集体中的自由感。然而，城市中的人即使居于同一住址，但也只是空间上的重合，日常生活很少出现交集，与乡村宁静祥和的居住环境和村民共同生活的信任状态比起来，城市中的各种关系只能停留于表层，显得虚浮和冰冷。世代共同生活所形成的群体性民风民俗活动，将浓厚的生活气息、丰富的审美元素等展现得淋漓尽致，尤其是一年一度传统节日的仪式感，无比热闹的氛围，给乡村百姓增添了数不尽的欢欣和期待，这种群体性活动就像人际关系的润滑剂，加深了人与人之间的交往，使人们尽情挥洒自由和快乐，同时也释放出生命的活力。

其次，社会关系往往与人的需求和利益紧密相连，由于城市生活空间和生存资源有限，导致人们产生了强烈的占有欲，主体不自觉地陷入被动的利益追逐中；而悠闲自在的乡村生活中不存在你争我抢，主体可以摆脱经济利益的重担和各种身份标签的限制，享受精神层面的放松和愉悦。现实生活中充斥着来自各方的压力，需求和利益使得人们在社会发展中扮演多重角色，成为人与人之间的"粘合剂"，因为利益，彼此分工的个体之间相互作用，形成依存关系。社会关系网束缚了人的真实意志，以至于城市中的人们摆脱不掉附着于其中的物质利益，个体在社会中的重要性和掌控力取决于他们所拥有物质利益的多少，换言之，就是社会生活中的身份和地位。在这种状态之下，人人生而平等的理想很难实现，人们为了追求更高的"身价"，逐渐迷失自我，身上贴的社会标签越多，就越容易成为生活的奴隶。人们疲于应对眼前的生活，内心身处却也渴望得到短暂的放松，而乡村旅游注重参与性的集体活动，完全放下参与者之间的利益关系，让他们以全然陌生的身份和彻底放松的神经来相处，旅游者是平等的，一起去享受和感知乡村活动所带来的愉悦和自由。

最后，虽然一切社会关系中难免会夹杂物质利益，但大部分乡村依然保留着自给自足的小农经济模式，尚未被以竞争为主的商业模式所侵染，人与人之间是相对独立的个体，往往不存在利益冲突，淳朴友好的民风民俗世代发扬，与城市生活中追名逐利的氛围截然不同。在乡村简单而又充满善意的环境中，旅游者会不知不觉地抛下戒备之心，全身心地感受周边环境中单纯美好的事物，长期被世俗浸泡的灵魂得以暂时净化，从中发现并提升自我的心灵美。对于个体意义而言，心灵美是拥有高尚奉献精神的道德情操，重视和发挥自我的生存价值，也是一种追求自由的人生态度，这样的境界可以让人重新审视不如意的现实生活，并对其怀有期待和感恩。人们为了生存饱尝苦累，现实生活就像一张巨大无比的网将他们圈在其中，无法逃脱，也无从躲避，只有负重前行，但大自然的美是悄无声息且温暖和谐的，人实际上也具备内在的和谐，只是被世俗的风尘遮盖了原本纯净的一面。一旦遇到外在的和谐，两种磁场同声相应，就会欣然契合，人们便会感受到生命中纯粹无疵的美。因此，个体应主动寻求外界的和谐，唤醒内心潜藏的喜乐，使之与外在环境产生共鸣，完善心灵美，体悟自然美。如果你站在城市的街头望着川流不息的人群和车流感到身心俱疲，似乎开始觉得自己一无是处，那就不要再顺着思路想下去，来一场实实在在的乡村旅行，去寻找美的痕迹，倾听自由之下的快乐声音。可见，完善心灵美对于旅游者的生存体验是多么重要。

需要强调的是，乡村旅游的审美价值并非独立存在的。通常情况下，每一个乡村旅游景点都是带有各种审美价值的景物综合体。它们的区别在于，不同景点往往借助与众不同的审美价值来吸引旅游者。以安徽的宏村和西递为例，作为世界文化遗产，两处景区均为国家5A级旅游景区，都拥有仿若画卷般的田园风光、保存完好的村落形态、独具特色的徽派民居、浓厚的历史文化底蕴，被誉为“画中的村庄”。其审美价值都是多重价值的综合。第一，拥有秀丽的自然风景。如南湖，湖面浮光倒影，远峰、近宅、蓝天、白云仿佛跌落湖中，水天一色，湖边古树参天，垂柳依依，雀鸟争相鸣唱，在树荫和日光的相互作用下，湖水显得更加幽深、清雅。旅游者沉醉于乡村的自然美景中，切实感知自己与大自然的融合，优美的环境造就柔软的灵魂，清风徐来，将他们的烦恼一并吹去。第二，拥有形态完好的古村落。作为连接古今的实体建筑物，村落的美吸引着旅游者的目光。西递有很多祠堂，随处可见的楹联，内容大多为经商、为人、为官之道，斑驳的红漆彰显着古人的智慧，令人叹服，建筑的外在形式形成了跨越时空的连接，是人类抵御自然灾害和繁衍生息的标志，西递的审美价值就是这样延展开来的。第三，淳朴的民风民俗、简单的精神生活，真实地呈现于日常生活中。老人们安坐门前“怡然自乐”，年轻人穿梭于田间地头，仿若展开了一幅“其中往来种作”的桃源画卷。乡村老牛、小车、锄头等堆砌而成的生活虽然朴素，但却在宁静的乡村环境中透着无与伦比的和谐。简单而又纯粹的生活蕴藏着人们最质朴的感受，宏村和西递的生活氛围极其宝贵，在很大程度上带给旅游者人与人交往中的简单和愉悦，释放了世俗重压之下快要窒息的灵魂。审美价值在乡村旅游活动的各类景观中共同作用，给旅游者带去不同的审美体验。

四、乡村旅游促进人的全面发展

人的全面发展属于一个相对的概念，并非静止不变。它作为一种人生目标和理想信念而存在，在精神上为人们指引方向。乡村旅游对人的全面发展产生影响，但并不是说这一旅游方式能彻底解决“不全面发展”的问题，只是说明它能在一定程度上完善人格，在人的全面发展方面发挥积极作用。一个全面发展的人是“完整的人”。在现实生活中，面对感性与理性、理想与现实、必然与自由等矛盾的相互牵制，人们往往会侧重于一边而忽略另一边，痛苦就此产生，根源就在于全面发展中某种因素的缺失。在社会大发展的环境下，文明日渐缺乏，大部分人都不知不觉间走出了全面发展的状态。人的全面发展不仅是共时问题，也是历时问题，由于目标背景的不同，其内涵也会有差异，一个全面发展的人应该具备全面本质。

人们借助感官与周围世界建立关系，通过思维、感觉、愿望、活动、爱等为自身的发展汲取本质力量，完整的人应具备丰富且深刻的感觉。然而，面对现实生活的压力，人之为人本质的实现受到了阻碍。现代城市充斥着激烈的生存竞争，人们不得不把大部分时间投入到工作中。长期处于枯燥乏味、平淡无奇的生活状态，很容易产生疲倦和消极的情绪，人的感官在各种信息的刺激下渐渐失去主动性，乡村旅游能够有效“治疗”感官的迟钝和被动状态。一方面，旅游主体在开展旅游活动之前会对旅游目的地产生或多或少的想象，而这种想象往往饱含非常美好的期待和向往，在这种心理状态的驱使下，人们必然会充分调动自己的感觉器官，旨在填补先前内心期待的审美空缺。旅游中所体验的一切都是有趣而又刺激的，这些都与往日熟悉景物所带来的乏味感觉完全不同，因此很容易调动旅游主体的审美积极性。乡村的新奇事物带给他们无数的陌生信息，在旅游者的眼前、耳旁、心底产生强烈刺激，致使他们主动调动全身上下所有的感觉器官去迎接和体会。另一方面，乡村带给旅游主体的美是一种源于自然的和谐美，是多重美感要素共同作用的结果，无论是色彩、造型、风格，还是质地、姿态、声音等，这些物性因素都是作为整体而存在的。人们对于自然美景的欣赏，需要多个感觉器官充分调动且共同参与其中，人们从中收获的感官体验都是舒适的，绝对符合美的规律，能够恢复旅游主体最本质的力量。

审美教育是人的全面教育中不可或缺的组成部分。在塑造和完善人格方面，它能发挥出很好的促进作用，而乡村旅游中的景观资源及其所带来的审美影响都有益于审美教育。审美在于陶冶性情，每个人都拥有与生俱来的感情，但并非都会产生高尚的行为，原因是情感推动力的强弱程度不同。乡村旅游活动主要以独具特色的景观资源来吸引旅游者去发现美和感受美，通过这一方式来净化情感，使之获得美的体验。审美教育最显著的特点体现于对人的培养方式上，它不会选择抽象而又枯燥的理论“满堂灌”，而是借助美的形象达到感动和熏陶人心的目的。在乡村旅游中，无论是秀山丽水、花鸟鱼虫，还是人文建筑、宗庙祠堂，都是实实在在的具体形象，看似悄无声息的景物，却反作用于人的视觉，使旅游者产生奇妙的审美感受。此外，这些具体景物并不仅仅带给人视觉上的享受，还有视觉之外的情感互动，这是课堂教学不具备的优势。因此，乡村旅游能够借助具象的景物来对旅游者进行直接或间接的情感教育，弥补学校理性教育中感性教育的缺失，获得真实的情感体验，在一定程度上促进了人的全面发展。

第四节　构成乡村旅游景观的审美要素

乡村旅游景观的审美要素分为视觉、听觉、嗅觉、触觉和味觉五种，以下针对五种感官的直接表象来分析审美，首先从眼前的乡景到耳际的乡音；其次到鼻尖的乡味、指尖的质感；再次到心中的乡情，获得将目光所及之处的美上升到深层次的情感；最后获得思想上共鸣的审美体验。

一、眼前的乡景

视觉是人们获取信息最常用的方式，大部分的信息都是通过眼睛获得的。因此，人们对于乡村旅游景观的审美感受大多源于眼睛，“土地平旷，屋舍俨然，有良田美池桑竹之属”，乡村的美一眼望去便会让人喜欢。在乡村旅游活动中，视觉所接收的信息主要包括景物的轮廓、形状、颜色、大小等，如果具体反映在乡村中，那就是村落肌理、建筑形式、田园农业、乡村道路等。

（一）乡村肌理

乡村肌理的范围比较广泛，我们眼睛看到的乡村肌理除了乡村聚落与非聚落之间的分布关系、聚落与聚落之间的分布方式外，还有乡村聚落中各个单位建筑之间的排布方式，村道的分布等。

乡村肌理与城市肌理带给人截然不同的感觉，城市肌理的区域较大，密集的建筑物、纵横交错的道路、绿地星星点点地分布于城区环境中；而乡村肌理的村落则是沿着道路或河流呈小块状聚集，大面积的农田成为村落与村落之间的“绿地”，弯弯曲曲的田间小路连接着相邻的村庄。

城区的建筑物大多为多层或高层，呈纵向依次排列，人员分布密集，主路之间多栋住宅楼拔地而起，即便局部地区存在一片城中村或棚户区，给人的第一印象也是拥挤；而乡村地广人稀，建筑结构分明，多数村庄沿河发展，主路是垂直河流延伸出来的，形成另一方向的主要道路。建筑多为单层平房，横向“并肩”分布，临路建设，家家户户都有独立的院落，坐北朝南，“对门”的建筑之间形成了村子的支路，与主路相连接，村落外是农田、溪水或山地。

临河或依山而建的村落肌理会有不同的魅力，大多是根据河流或山体的走向自然形成，这样的乡村肌理更能体现出村民顺应自然、与大自然和谐共处的生活状态；而城市建设中的“人造”肌理，夹杂了太多人为因素，到处都是高科技、信息化，给人一种“人定胜天”的感觉。乡村肌理作为一种比较宏观的视觉审美项目而存在，只有借助卫星地图才能清楚地看出它的肌理，即便这样，也要保留完整的乡村肌理，当旅游者置身于乡村中，视觉所收集的信息在大脑中便会生成模糊的立体图像，这种图像有助于感受乡村肌理。

（二）乡村建筑

我国幅员辽阔，有亚热带季风、温带季风、温带大陆、高原山地等多种气候区。不同地区的气候条件有所区别，使得各个地区的建筑样式也存在差异。乡村聚落建筑作为人们居住的物质实体，深受传统文化中“天人合一”美学思想的影响，表现出明显的美学特征，即自然适应性、社会适应性和人文适应性。

乡村建筑大多就地取材，充分发挥出各个地区的材料优势，形成独具特色的景观。建筑突出表现于对材料的质感、肌理、色彩的选择和处理上，竭力将技术与艺术完美融合。在建筑形式方面，乡村聚落建筑展现出明显的地域特色，如福建的土楼、傣家的竹楼、草原的蒙古包、广西壮乡的麻栏、陕西高原的窑洞等。这些建筑都无不反映着人们对自然的适应能力，体现出民众的生存智慧，聚居形成的蕴藏生态内涵的绿色建筑技术也表明了乡村建筑的美学设计与环境意识之间的内在联系，体现了中国传统建筑文化模式的形成、演变和扩散。在调节室内环境方面，乡村居民通过开敞的厅、堂、廊、院落、天井、风巷等建筑布局，满足日常生活对通风、降温、采光、保暖等功能的需求，以绿色再生理念来指导建筑的整体布局和规模。

乡村聚落建筑的装饰往往取景于自然要素，体现人们对自然的敬畏和适应。在乡村聚落的民居装饰中，大部分装饰题材都与自然界的动植物有关。各种纹样的模仿，还有抽象的花草树木，铺陈于各种器具、家具的表面。祥云是比较常见的装饰题材，表现出先辈们的精神寄托和审美情趣。此外，还有被视为“如意”的纹饰，如卷草纹、云纹等，都会被用于室内的家居装饰中，甚至会以祥云、卷草等纹样为基础来进行各种组合。可见，人们对流动、回转、空灵等象征自然界植物机理的形态颇为喜爱。乡村聚落民居的装饰处理充分体现出“天人合一”的生态观，体现出浓郁的地域景观特色。

传统建筑作为重要的乡村景观，开始被重视和保护，甚至利用，它代表着一种珍贵的建筑符号，对“内涵式”乡村文化景观的发展起到关键的底蕴作用。

（三）乡村农业

乡村农业包括当地的种植业和畜牧业。不同地区、季节的农作物景观、林业景观等共同构成了乡村的种植业景观。而大面积的畜牧业景观主要集中于我国北方的个别省份，干旱、半干旱、高原地区往往降水量稀少，不适宜耕种，辽阔的草原适合放牧。如内蒙古、西藏等地，由此形成了“天苍苍，野茫茫，风吹草低见牛羊”的美好景象。乡村的林业种植多为大面积的树林片区，林业种植是为了农田防护或收取木材，选择的树种绝大部分是乡土速生树种，一年四季可形成不同的林业景观。有些乡村地广人稀，适宜耕种，除了居民的建筑聚落外，那些紧贴聚落的平地和聚落附近的山坡都可种植农作物。由于乡村土地面积广阔，本地居民在同一季节所种的农作物都是同一种，因此很容易形成旅游景观，如大片的油菜田、麦田等，都是城市居民喜闻乐见的景象。油菜地里翩翩起舞的蜂蝶，鼻尖萦绕着油菜花的自然清甜，风吹麦浪，三五成群的孩童嬉闹着放风筝，耳旁的欢声笑语，迎面而来的微风，瞬间让人释放了心头的焦虑和压抑。乡村景观的美无可取代。

（四）乡村道路

乡村的道路可用“阡陌交通”来形容，与城市的道路有着明显不同。城市道路大多由沥青、混凝土、砂石、水泥等铺筑而成，宽阔而又平整，存在诸多分类，性质功能各异。乡村居民较少，道路的通行量小，所以交通工具也比较简单，道路相对狭窄，材质大多就近取材，靠山为石路，无山则为砖路，或者干脆就是“世界上本没有路，走的人多了，便成了路”的表层意思，即被村民踩实的土路。

所谓“开门迎客”，门要打开，但在这之前也要考虑路是否能让客人顺畅到达，因此，乡村旅游的发展必须要解决道路问题，对原有道路进行改造利用。这种改造利用并非毫无章法，而是要充分了解周边环境，把握经常使用的道路材料，在满足车辆正常通行的前提下对道路进行适当加宽，选择的材料要具备较强的承受力。乡村的步行小道无须修饰，路旁的野花清香扑鼻，狭窄的小巷有奔跑嬉戏的孩童，石板路上岁月流逝的痕迹依稀可见，沉稳古朴的青砖路是文明的返璞归真，还有朴素的石子路等，这些小路会给旅游者带来充满乡村气息的审美体验。

二、耳际的乡音

审美体验除了源于人的视觉外，“鸡犬相闻”的听觉享受也不容错过。在乡村旅游中，耳际的乡音除了当地村民的口音外，还有各种小动物的声音，这些声音能让旅游者产生一种回到故乡的亲切感。

（一）动物的声音

乡村的家家户户都有独立的庭院，村民们常常会养些禽畜，如鸡、鸭、鹅、猪、狗、羊等。清晨房顶上的大公鸡会准时开启“叫醒模式”——起身，扇扇翅膀，望天，已然破晓，立正，重心后沉，昂首，一声长鸣，村里其他的大公鸡闻声也开始陆续“签到”，天然的“闹钟”声此起彼伏，每天清晨雷打不动，体现出一种生怕“叫不醒”广大人民的“敬业”精神；除了从岁首到年终的鸡鸣声外，还有“早起的鸟儿有虫吃”的场景再现，各种雀鸟争虫时发出叽叽喳喳声。乡村特有的中华田园犬往往是 24 h“值班”，夜里听到动静，竖起耳朵听一下，“汪汪”两声以示警告，白天有陌生人到访时就会即刻打开“单曲循环模式”来“提醒”主人。夏天的中午，耳边是知了的“吱吱”声，那些天不亮就开始爬树的知了们似乎在向人们“分享”成功到达树顶的喜悦。到了傍晚，就会看到家禽们“充分把握”进笼之前的美好时光，在大门口、小路边悠闲地“踱步”，或者进入草丛“低着脑袋”认真地“寻寻觅觅”，一旦发现食物便会“咕咕咕”地叫来其他同伴。清风吹来，天色渐暗，成群的鸟雀“列队”飞过，仿佛在进行夜幕前的最后一场演出。夜色弥漫，小溪中的青蛙们纷纷“上岗”，“流水潺潺”夹杂着“蛙声一片”，别有一番风味。这些有趣的声音专属乡村，旅游者走近乡村，静下心去感受这些小动物的声音，这些声音看似聒噪，实则静心。城市人的耳旁是起重机、各种车的轰鸣声，若想要享受夜的宁谧，只能在梦醒时分寻得分毫，那些疲倦的心灵极其渴望获得真正的安歇。因此，在乡村旅游建设中，可适当利用乡村动物的声音，使游客的耳边能听到这些乡村特有的“交响乐”，让他们感受乡村的无穷趣味。

（二）乡民的口音

地区不同，人的说话口音也会存在差异，地方口音在农村的表现十分明显。市区有很多来自各地的人，为方便日常交流，大部分都会使用普通话，时间一长，人们很难从口音上分辨对方是何方人士。虽然日复一日、年复一年地劳苦奔波，但游子的心深深地怀念故乡，多年未曾听到“乡音”，无比眷恋，即使生活在城市，平时交往都说普通话，每当回到家乡，或是见到老乡，“乡音”无须回忆，便会脱口而出，只是心底浮起一种“少小离家老大回，乡音未改鬓毛衰”的感慨。悠久的岁月冲不淡浓浓的乡音，内心深处潜藏着对故乡深深的情愫，面对历史的淘洗和文明的冲击，古语音韵和文化内涵都会凝聚成一种永恒的记忆。

当旅游者选择乡村旅游地时，如果回到曾经居住的乡村旅游，享受故地重游的喜悦，当地村民的方言会带给人以亲切感。如果去到未曾驻足的乡村旅游，看看“茅檐低小，溪上青青草”，听听“醉里吴音相媚好，白发谁家翁媪”，感受不同地区的方言，无须听得懂，只要静静体会语调中的温暖和美好就够了。

三、鼻尖的乡味

乡村气息与城市气息完全是两种不同的感觉，身处乡村，鼻尖萦绕着雨后泥土的绵软香、麦子成熟的甜淡香、炊烟袅袅的饭菜香，还有扑面而来的花草香等。而城市大部分都是硬化地面，雨后常常开启“看海”模式，争相往下水道流淌的雨水中闻不到泥土的芳香。城市居民体会不到乡村每年收割庄稼时空气中弥漫的收获气息。燃气灶和油烟机成为城市厨房的“黄金搭档”，而乡村中每家每户却是生火做饭，在噼里啪啦的柴火声里炊烟，饭香渐渐升腾，这些专属于乡村的气味称之为“乡味”。

在选择城市园林树木时，人们往往会考虑到自然环境的恶劣，还有周边的车流量、人流量等。会选择一些实用性较强的树种，实用性主要体现在树的形状、抗性、耐修剪性、有无飞絮、有无落花落果的现象等，常用的树种有雪松、银杏、朴树、悬铃木、白蜡等。尤其是城市著名的绿化树种悬铃木，几乎在全国各个城市都能见到，但这些树木基本不会散发香味。而乡村在选择树种时不会去过多在意树木的抗性、是否落花落果等，乡村用的大部分是当地的乡土树种，北方常见的乡土树种有椿树、泡桐、榆树、构树、刺槐等，由于这些树木不够美观或落花落果，很少出现于城市，其中泡桐和刺槐每年春季进入花期时就会散发出香甜的气味。

此外，需要强调的是，乡村的种植业景观多为林业种植，无论种植何种植物，都会对周边的气候、空气、含氧量等起到很好的改善作用，使旅游者能呼吸到新鲜空气，这也是乡村的独特气味之一。

四、指尖的质感

触觉也可以获得乡村景观的审美感受，粗糙、细腻、平滑、凹凸不平等形容词均可通过触感来获得。触觉能够帮助旅游者感知乡村的建筑、道路、树木、器械等的质感，有些人用眼睛一看就可得出质地方面的审美感受，但初次去往乡村的旅游者就要依靠触觉来获取准确信息。

对于乡村建筑的选材，不同地区所选择的材料也会不同，如石头、青砖、竹子、木头等，这些材料给人的触感不尽相同。因此，乡村旅游要把握当地特有的风格，选择传统的道路材质、民居建筑材质、农业器具材质等，使游客通过触摸的方式来感受深刻而又独特的乡村元素。

此外，在乡村审美信息的获取上，味觉的范围较小，如品尝地道的农家饭、来一口清冽的泉水等，皆能唤醒城市居民麻痹许久的味蕾。

以上的五种感觉器官都能捕获到乡村景观的审美要素，虽然各个感官同时运转，但所收集的信息却是千差万别，相同之处就在于它们都有着别样的美好和趣味。因此，在进行乡村景观规划和设计时，不能只注重视觉方面的审美要求，而忽视其他感官，只有将各种感官同时调动，才能使旅游者获得最佳的审美感受。

五、心中的乡情

远远望去，乡村的一道皱褶就是一道沟，一条纹路就是一道岭，美丽的村庄就坐落于这些沟沟岭岭中。在游子心中，城市的霓虹辉煌永远不及家乡的灯火夜烛，无论是望得见的山川，还是听得见的鸡犬，心中挥之不去的是沉甸甸的乡情。乡村的旅游景观开发一定要注意保留村庄的原始风貌，做到慎砍树、不填湖、少拆房；同时改善村民的生活条件，也给城市的代代子孙留下一点感受大自然的机会，要通过传承文化，发展有历史记忆、地域特色和民族精神的城镇旅游区。人的感觉器官是有记忆力的，人们曾经收集到的乡村审美信号很容易勾起过往的情愫，这就是珍贵的乡情，此处将它简单概括为邻里乡情、待客之情、慢节奏生活、游子与守候者的乡愁。

（一）邻里乡情

邻里是指家乡所在的乡里，住在一个村落。它形成于传统生产模式之下的农业社会和乡村环境，与家族或家族分枝联系紧密，受到整个家族文化的影响。所谓“远亲不如近邻”，乡村中左邻右舍的关系都非常亲近，一家有难，四邻支援，这是中国传统乡村的邻里乡情。淳朴的民风让旅游者感受到从未有过的踏实，有“路不拾遗、夜不闭户”的良好风气。邻里之间的感情仿若泉水般纯净透明，闲暇时，大家会坐于一家门前的大树下唠家常。农忙时，你帮我收割，我帮你捆禾。谁家的孩子到饭点了找不到父母，就会叫到自家来吃饭，这就是老一辈说的“过门香”，偶尔尝尝别家饭菜的味道，好像就是比自己家的香一点。做饭时，发现没了酱油，去隔壁邻居家倒点救急，大门口种的豆角收获颇丰，分给四邻。这些场景都是城市居民不能体会的，他们住在高高的楼上，大部分时间都在外面工作，平时邻里之间鲜少碰面，甚至不认得邻居的模样。曾经住在乡村的老人都期待“叶落归根”，想要找回过去熟悉的乡情；住在城市的人们第一次走进乡村时，就会感受到纯朴友好的乡风民俗。

（二）待客之情

勤劳善良的乡村人对待外来游客也十分热情，他们会走出小院到村口去迎接远来的客人，做最地道的家乡饭食来招待他们。然而，久居城市的人可能会有受宠若惊之感，但这一点却是老一辈人所怀念的，这种热情正是“有朋自远方来”的喜悦，毫无掺杂。对于平日里专注于农业生产的村民而言，彼此之间没有明争暗斗，也不存在睚眦必报，他们开怀大笑，言语间直来直去，旅游者完全可以放下戒备，褪去伪装，做回最真实的自己。

（三）慢节奏生活

乡村的生活悠游自在，村民们除了农忙时节辗转于家中的一亩三分地外，其他时间都处于相对缓慢的状态，在缓慢的生活节奏中感悟生活、思考人生。清晨打开大门，一阵清风迎面而来，早饭过后，喂鸡、拾柴，下到田间；在朝露下拔草；日照三竿就回家休息，打扫院子里的满地落叶，周而复始。当旅游者感受到乡村这种慢节奏生活的惬意时，就会非常乐意常回村看看，住一段时间，将思想、脚步、心态都稍稍放缓，安静下来，享受缓中之快乐。

（四）游子与守候者的乡愁

小时候，我们无限憧憬外面的世界，随着年龄的增长，田间地头的嬉闹再也满足不了好奇心，于是怀揣梦想奋发苦读，后来终于带着父母的期盼离开了家乡。进入车水马龙的城市，与母亲相隔千里，自此乡愁化为小小的邮票。通过不断拼搏，终于在城市安家落户，每年回去家乡的次数变得屈指可数，而父母两鬓的白发却是数不胜数。乡愁变得更加浓重，将漂泊在外思念亲人的游子与村口老槐树下翘首企盼的父母紧紧连接，即使乡愁最终变为一方矮矮的坟墓，却永远缱绻于心头。

第四章　乡村旅游景观的审美发展

乡村旅游景观的审美发展是一个非常值得重视的问题，本章先介绍了新农村背景下乡村景观的发展变迁，并指出乡村旅游景观在建设中存在的一系列问题；然后强调了实现地域文化与旅游景观的融合发展；最后阐述了背景音乐成为乡村旅游景区的一大特色，将合宜的音乐加入乡村旅游活动中，给旅游者带来唯美而又独特的景观审美体验。

第一节　新农村背景下乡村景观的发展变迁及问题反思

乡村景观的建设和发展是我国新农村建设的重要组成部分，它是新农村建设成果的直观反映。随着新农村建设活动如火如荼地开展，我国乡村景观形态开始发生变迁，同时凸显出诸多问题，值得反思。

一、新农村背景下乡村景观的发展变迁

随着农耕文明的出现，乡村聚落附近开辟出大片种植场地，房前屋后有随处可见的园圃，尽管这些土地都是以生产为目的，但却在客观上与聚落形成了最早期的乡村景观。作为千年农业大国，我国的传统乡村景观随着农耕文明而产生，在漫长的历史岁月中，人们在土地上辛勤开垦、用心种植。由于地理区域、地形地貌、水土气候、经济条件的不同，这些景观逐渐演化成具有不同地域特色和民俗风情的传统乡村景观资源。

传统的乡村景观是在农民的生产生活中自然形成的，与当地村民的民俗传统、生活习性息息相关。在长期发展中，我国传统的乡村景观呈现出四种意向：(1)受“天人合一”哲学思想的主导，传统的居住环境强调人与自然的和谐，借助山水形成与自然融为一体的山水景观意向；(2)传统的乡村聚落是以血缘关系为基础而形成的宗族社会，在建筑和景观上呈现出乡村景观的宗族意向；(3)以小农经济为主的传统农业，实行分散独立的传统耕作方式，重视农耕节气，呈现出传统农耕田园的景观意向；(4)村落内的村民生产与日常生活融为一体，形成了富有情感的人文景观意向。这些乡村景观意向反映出传统人文景观的哲学精髓，同时也呈现出浓郁的乡土气息。

社会主义新农村建设使得我国的乡村景观经历了一场历史性变迁，农民的聚居模式和生产方式改变了乡村原有的景观形态。不得不说，政府在政策方面的引导和规划，再到具体的实施，都推动了景观形态的改变。新农村建设后，乡村旅游景观主要发生了三个方面的变迁。

(一) 自然景观的变迁

乡村固有的景观往往是河流山川、绿化植被等，在新农村建设中，由于对经济利益的盲目追求和对乡村建设的快速推进。生态环境遭到严重破坏，大量植被被砍伐，自然绿地被建筑物和基础设施所取代，河堤被混凝土驳岸所替换，河流的自净能力大幅降低，生物链条的自动循环被彻底打乱。自然景观从过去完整的景观基底和生态廊道转变为斑块状的景观形态，山水景观格局逐渐消失，自然景观的舒适度和美学价值日趋减小。

（二）聚落景观的变迁

聚落景观是乡村总体空间布局形态的呈现，它包括村落内的房屋、街巷、道路、池塘等物质要素，这些要素共同构成了多功能的空间活动网，给居民提供了邻里交往和休闲活动的场地，在长期发展中积累了厚重的历史气息，形成了差异明显的乡土文化景观。新农村建设使乡村聚落景观形态发生了两个方面的变化。

1. 聚落中的物质景观

即聚居区建筑风貌和景观环境的变化。传统的乡村聚落往往是以点或面的形态存在于自然环境中，建筑掩映于山体树木之下，小桥、流水、古树、院落共同形成了一幅美不胜收的天然画卷和充满诗意的栖居意境。面对特有的地理气候，区域内的自然景观和人为景观交织形成了乡土景观，有着强烈的地域特征。村民大多是群体集中居住，呈现出成片的建筑空间形态，整齐的建筑布局、硬化的道路铺面、相对完善的基础设施布满了村庄。新农村逐渐贴合现代社会发展的多功能性，呈现出所谓的“新风貌”。乡村景观看似更加“整洁”，但也出现了“千村一面”的现象，原有的特色消失不见，不同地域、不同文化的乡村景观就像“复制粘贴”一般，表现出严重的同质化。乡村景观再也体现不出当地的历史文化背景，无地方特色，也无个性，乡村景观的地域性即将消失殆尽。

2. 聚落中的非物质景观形态的变化

传统乡村的非物质景观往往是以有形或无形的方式与乡村的聚落、经济、社会等加以融合，形成独具特色的建筑聚落文化景观，还有反映居民生活形态的民俗文化景观。建筑聚落文化景观中承载着民居、祠堂、寺庙、牌坊、书院、戏台等丰富的景观事物，也蕴藏了宗族文化、宗教文化、风水文化等内涵，彰显出村庄浓厚的历史文化积淀。民俗文化景观则包括乡村居民的生活方式、节日传统、民俗活动、民间手艺等，反映出特定区域内居民的风土民情。新农村建设使得这些非物质文化景观丧失了其存在的空间基础，过去变化有序的村落被集中统一的聚居模式所取代，空间格局彻底发生改变。历史文化气息逐渐淡去，村民日益变化的生活方式，也加速了民俗文化景观的消失步伐。

（三）农业景观的变迁

农业景观是乡村居民从事农业生产劳动时所产生的景观，包括农业生产劳动景观和农作物自然生长景观，这些景观具有多重属性，不仅存在生态属性，同时也有人为参与，还表现出景观的季节变化等动态特征。

传统农业属于粗放型生产模式，主要是家庭单元式的小规模、分散式生产。在劳动景象上，传统农业生产景观呈现出耕种、施肥、收割、晾晒等生产性动态景观，体现出“春耕、夏耘、秋收、冬藏”的传统农耕文化。由于农作物种植规模较小，使得单元区域内的作物种类比较丰富，呈现出多样性，在大自然的背景下形成以耕地、农田、菜园为乡土符号的山水田园风光。现代农业大大提高了土地利用率，集约化农田大量出现，农业景观呈现出规模化，机械设备的加入使得农业生产景观变得单一。在现代农业景观中，先进的农业设施设备构建了宏伟壮观的农田景观，形成了强烈而又震撼的视觉冲击力，同时，科普功能与旅游功能兼具的观光农业景观和体验农业景观也应运而生。

二、新农村乡村景观建设的问题反思

社会主义新农村建设是时代赋予的使命，在建设过程中，我国的乡村景观格局开始重新建构，传统乡村景观的审美形态也在发生根本性变化。在乡村景观的不断变迁中，存在一些问题值得我们深刻反思。

（一）生态资源的破坏

新农村建设本是利国利民的好事，然而，一边在大规模推动建设；另一边也在破坏自然生态环境。新村出现了，耕地不见了，对乡村的树木乱砍滥伐，生态循环系统被打乱。在农业种植区，化肥、农药的使用导致了土壤和水体的污染，除草剂、杀虫剂等的使用造成了生物多样性的减少。

（二）地域文化的缺失

在新农村建设中，盲目追求城市化，忽视了城市文化与乡土文化的认知性偏差，以至于乡土地域文化逐渐淡化。同时，受经济条件的限制，大多数乡村对建筑景观和空间形态的要求不高，一味地跟风建设，无论是建筑布局，还是整体风格，都呈现出同质化趋向，景观脱离了其生存与发展的根基，导致了乡村地域文化的缺失。

（三）人文资源的破坏

经历跌宕起伏的历史，传统的乡村聚落和居住形式才得以形成，乡村独有的原生态乡土人文资源正是在这样的聚落空间和生活组织中悄然形成的。这些人文景观资源有物质文化形态和非物质文化形态，乡村的民居建筑、文化遗存等就属于前者，而当地居民的价值观、生活方式、民风民俗等则属于后者，其中蕴藏着深厚的人文内涵。新农村建设强调“新”，原有的空间聚落被无情破坏，本应受到保护的历史文化遗迹也即将消失殆尽，高大上的“城市型住宅”与古朴的传统聚落形成鲜明对比，传统的民居特色和自由的乡村生活正在消失，小桥、流水、人家的田园风光不复存在。此外，在城市化思想的冲击下，村民的价值取向、行为方式和精神追求等受到了潜移默化的影响，一些乡村的非物质文化“渐行渐远”，原生态文化逐渐失落。

（四）景观脱离实际

一些地区的新农村建设脱离了当地的实际情况，与乡村的农业生产和农民的生活方式严重脱节。在乡村景观建设中，有的地方为了追求景观的视觉形象，照搬城市景观，格格不入的广场硬质铺装大量出现，适应性强的乡土树种被不合时宜的景观树种所代替，忽视农民的生产生活实际，使乡村景观逐渐丧失乡土特色。甚至，一些设计师还想把特色民居变成“别墅”，前庭后院都变成了纯粹意义上的观赏性花园，空虚寂寥。村民锄去房前院后的花草，种上应季的蔬菜瓜果，围上篱笆饲养鸡鸭，反映的是最朴实的乡村景观生活，他们会在满足自身生产需求和生活方式的基础上，不断营造出优美的乡村田园景观。

随着我国新农村的发展，数以百万计的村落经历了历史性转变。乡村景观建设中的问题不仅限于单纯的视觉形象，而是自然生态、社会文化等多方面问题的综合呈现。村庄的原始风貌需要保留，树莫砍，湖勿填，房少拆，真正的建设是在原有村庄形态的前提下改善居民的生活条件。无论岁月如何更迭，土生土长的乡民依然记得家乡山川的原始模样，后世子孙懂得浓重的乡愁，这些问题在新农村景观建设中真的值得深思。只有向着正确的建设方向出发，才能实现我国新农村建设的真正健康发展。

第二节　地域文化与乡村旅游景观的融合发展

随着经济水平的不断提升，人们越发重视精神文化建设，节假日出门旅游的人越来越多，绿色原生态的乡村旅游饱受欢迎，一度成为城市居民旅游的首选，推动了我国旅游事业的良好发展，同时促进了旅游地的经济增长。然而，虽然乡村旅游活动如火如荼地进行，但实际发展中依然存在诸多问题，不仅影响了乡村旅游景观设计的发展，还会使乡村旅游进入缓步发展阶段。因此，必须有针对性地且及时地解决发展中存在的问题，实现地域文化与乡村旅游景观的融合发展。

一、乡村景观与地域文化

在乡村旅游景观的构成要素上，可将其分为乡村物质景观和乡村非物质景观。其中，物质景观包括自然景观、生产景观、聚落景观等。非物质景观则包括节事、习俗、非物质文化遗产等。地域文化是长期历史发展的积淀，也是先辈们通过辛勤的体力劳动和充满智慧的脑力劳动所创造的，彰显出物质和精神的全部成就。乡村景观承载着一个地方的地域文化，地域文化也给乡村旅游景观的营造注入了灵感。地域文化与乡村旅游景观的融合发展是将乡村独具特色的地域风貌和历史文化借助景观的形式加以表达，向旅游者传递一方水土之上的人与土地、人与历史，以及人与人之间的和谐关系。

二、地域文化在乡村旅游景观设计中的意义

历经千年的中华传统文化经久不衰，其间蕴藏着丰富的民俗风情和地域特色，正是在这样的基础上，乡村旅游建设才得以顺利进行。乡村旅游业的发展应重视将传统文化融入乡村旅游建设中，使其更加符合时代发展的要求，满足现代人对于精神文化的追求，同时促使乡村经济建设获得新突破，从而推动文化的传承和创新。然而，虽然近些年乡村旅游饱受欢迎，也实现了较为显著的发展，但实际建设中依然存在诸多问题，所谓“千里之堤，溃于蚁穴”，这些看似不起眼的问题会阻碍乡村旅游的进一步发展，如脱离当地实际情况去盲目模仿，甚至照搬照抄、不尊重自然规律、破坏生态环境等。乡村文化是乡村旅游的精髓，其特有的地域文化是文化旅游的灵魂，地域文化的缺失必然会使乡村旅游失去应有的活力。因此，在乡村旅游景观建设中，尊重和传承地域文化至关重要，应在注重地域文化与景观建设的协调配合并保留传统文化魅力的同时，促进乡村旅游的发展。

三、乡村旅游景观设计中存在的问题

（一）形式过于单一，缺乏乡村特色

当前，我国的乡村旅游呈现出较好的发展局面，越来越多的人乐于选择乡村作为旅游目的地，清新的空气，安静的环境，美丽的风光，置身于大自然中，让浮躁的心沉淀下来，享受自由和美好。乡村旅游建设的进步确实有目共睹，但乡村旅游在实际发展中仍存在形式过于单一的问题。固守成规，未能跟上时代发展的步伐。景观停留于传统层面，缺乏创新元素，无法充分体现乡村独有的田园本质和旅游特色，就像这些年的农家乐，刚开始时人们都积极前往体验，但一段时间过后，农家乐随处可见，人们对其渐渐失去了新鲜感，感到枯燥乏味，使得农家乐的发展进入瓶颈期。

（二）偏离文化意蕴，破坏生态环境

乡村旅游景观的建设一味地追求经济效益，并不立足于当地的实际需要，以城市景观设计为参考，严重偏离了乡村文化意蕴。反复尝试、不断推翻再建，导致了设计成本的增加；效仿城

市的建筑和广场，使乡村建设结构一片混乱，乡村风情荡然无存。当地传统文化的传承和保护被抛之脑后，乡村的文化意蕴也开始“变味”，生态环境遭到严重破坏，空气也受到很大程度的污染，自然、纯粹的田园特色渐渐远去。

（三）结构分布不均，无法整体发展

乡村旅游景观的建设往往是以乡村的形式进行独立发展的，这就出现了结构分布不均衡的问题，建设处于探索阶段，发展较缓，游客的选择范围和活动区域都十分有限，乡村旅游的快速发展受到制约。此外，人们前往旅游景区游玩的时间也受限，只能选择在节假日，这一点直接影响了乡村旅游建设的发展，各个景区无法整合并且无法共同进步，以至于乡村旅游建设较为落后。为了促进乡村旅游的发展，必须采取相应措施来解决这一问题。

四、地域文化在乡村旅游景观设计中的运用措施

（一）发展地域特色，尊重自然生态

乡村旅游主要建立在乡村特色的基础上，属于一种创新的旅游形式。对于乡村旅游景观而言，关键在于保持当地原有的地域特色，并以此为基础进行更高层次的发展，形成全面的旅游景观模式，指导乡村旅游景观建设。在实际发展中，乡村应保持和尊重原有的生态环境，充分继承当地的地域、建筑等文化内涵，传承乡村特有的文化特色，将乡村景观设计中的核心元素展现出来，促使原生态成为乡村旅游的重要标志。

（二）挖掘历史文化，保持传统精神

由于乡村发展程度和历史传承的不同，每个地方都会呈现出不同的地域特色，这些特色资源能充分体现一个地区的人文情怀，同时也在一定程度上彰显出不同的时代精神。乡村景观设计可利用当地的民风民俗来挖掘文化内涵，通过历史与现代相结合的方式，重现文化遗产，将田园景观和饮食文化作为乡村旅游发展的开发重点，使之形成独具地域特色的文化资源。随着当今社会的不断发展，人们的精神追求也在日益变化，乡村景观设计要充分考虑现实因素，全面了解旅游者的内在需求，在尊重传统文化和保持传统精神的前提下，提升旅游品质。

（三）注重创新设计，体现时代特色

乡村景观设计应充分把握当地的文化特色，发挥每个地区的区域优势，在原有形式的基础上创新艺术设计。换言之，地域文化的发展离不开创新。台湾新北市猴硐村的早期居民以开采煤矿为生计，后来由于环境变迁，煤矿资源不足，以及劳动力流失，及时调整了发展战略，引进以猫为主题的旅游体验。村庄的猫元素随处可见，吸引了越来越多的人前来旅游，旅游的发展在一定程度上带动了相关主题产品的销售，为当地的经济发展带来了新的商机。因此，在乡村建设中，可将传统文化与新兴文化加以融合，对乡村文化进行创新设计，使其带动本地旅游业及相关产业的发展。

总之，乡村旅游已成为多数人外出放松、休闲娱乐的主要选择，其认可度也在不断上升，对当地的文化传承大有益处。因此，要想实现乡村旅游建设的长足发展，一定要加强景观设计的运用，发展地域特色。尊重自然生态，挖掘历史文化，保持传统精神，注重创新设计。体现时代特色，使乡村旅游在充分满足游客内心需求和保持原有地域特色的同时，获得更高层次的发展，设计出独具地域特色的乡村景观。

第三节　背景音乐成为乡村旅游景区的特色

背景音乐，也称配乐，常见于电视剧、电影、动画、游戏、网站中，旨在调节气氛。将音乐插入对话中，能增强情感的表达，让观众感同身受。在一些公共场合，如商场、酒吧、咖啡厅等，都能听到背景音乐。音乐滋养人心，背景音乐对于乡村旅游的发展具有重大意义，将两者完美融合，可在很大程度上推动乡村旅游业的发展。音乐能使人的心变得柔软，从而安静下来，再配合乡村雅致的景色，对旅游者是一种强大的吸引力。因此，背景音乐成为乡村旅游景区的一大特色。

一、乡村旅游景区背景音乐的播放原则

在乡村旅游活动中，背景音乐的播放可以营造出清雅而又温馨的氛围，旅游者本就陶醉于秀美风光，再加上合宜的乐曲，就会获得精神上的最佳享受。背景音乐对于旅游景区的环境营造至关重要，那么如何来营造适宜的乡村旅游背景音乐就成为旅游景区的一大难题。乡村旅游景区在播放背景音乐时要遵循一定的原则和技巧。要知道，并非所有的音乐都适合作为乡村旅游的背景音乐，一味地追求优雅、刺激、激情四射或飘逸婉转都是不合适的，要立足于景区的企业文化，为乡村旅游、农业旅游、农家乐旅游等营造适合区域特色的音乐环境，对此可遵循以下四种原则。

（一）音乐作品要与旅游景区的植物相融合

旅游景区背景音乐的播放要让游客在景区内形成“声音的记忆”，不仅要更新传统意义上他们对音乐的认知，还要突破审美要素和人文因素所带来的体验。背景音乐的选择可以是人为的音乐，也可以播放一些自然的声音，或者两者混合播放。背景音乐烘托景区意境的同时；可借助有形的农作物和自然风光来衬托景区环境，引起游客的共鸣，激发他们的想象力，唤醒游客的视听美感，在背景音乐的感染下，让旅游者触景生情。

（二）音色、音调、响度要与乡村旅游景区和谐共存

声音的必备三要素，即音色、音调和响度。音色主要取决于声波的频谱、结构及其模拟波形；音调与声波的频率直接有关；响度则与声音的振动幅度有关。乡村旅游景区的背景音乐应选择积极向上的、游客喜欢听的曲子，音乐的音调、音色、响度必须与乡村旅游景区的风景构成要素和谐共存。只有游客愿意听的音乐才能引起人体共振，使身体分泌出对健康有益的荷尔蒙，在轻松美好氛围的滋养下，使得游客的身心更加健康。

（三）音乐内容要健康

乡村旅游景区播放的背景音乐一定要选择内容健康的乐曲，避免颓废、萎靡、暴力或怪异的曲风，那些充斥着不健康内容的音乐切勿使用在乡村旅游景区内。而那些格调高雅、清新、舒缓，具有人文气息的音乐最适合当作乡村旅游景区的背景音乐。此外，谢绝一切带有堕落色彩的“灰色歌谣”，它不仅会成为教育的隐患，还会给游客一些心理暗示，造成他们对自我和社会出现认知上的偏差。以《东风破》为例，这首古风歌曲看似唯美的歌词背后，却表达的是一种颓废的情调，使人听罢心生万千惆怅，不适合用在乡村旅游活动中。适景、适情、恰到好处的背景音乐，有助于乡村旅游景区的文化表达，容易唤起游客内心深处的熟悉感，忆起生活中的美好和温暖，产生情境之美。每一个时代都有着不同的烙印，每个年龄段的游客也都会有不同的

思绪，不能以同一种价值观念来衡量不同时代背景下诸多游客的兴趣取向。然而，一首歌可能会对一个人的一生产生重要影响，无论是百转千回的诗情，还是缱绻心间的歌谣，都仿若一面旗帜，将聆听者带入一种境地、一种时代。要么沉醉其中，醒来仍少年；要么自此丧志，浑浑噩噩。乡村旅游经营者要全面考虑背景音乐的影响力，为广大旅游者负起时代的责任，多多弘扬社会正能量，选择和播放一些符合当代审美情趣、健康向上的乐曲。

（四）音乐播放安排要合理

乡村旅游景区的背景音乐在整个景区环境中起着十分重要的作用。根据旅游景区的布局和音乐的暗示、定向等特征来进行选择和播放。音乐作为情感、思想的寄托，是人们日常生活不可或缺的精神调剂品，更是人类精神文明的组成部分。人的身体能有效感知音乐，特定的旋律和节奏能够降低血压，欣赏音乐能促进脑部血液循环，增加大脑的供血量，达到舒筋活血的功效。

在乡村旅游景区背景音乐的播放设计上，应保证“哪里有游客的足迹，哪里就洋溢着音乐”，不同的功能区域应播放不同的背景音乐，将这些区域的功能与音乐元素加以综合考虑。音乐是人类共同的情感语言，乡村旅游景区通过播放背景音乐来进行特别的沟通与交流，不仅能够满足不同年龄阶层、文化水平、兴趣爱好的游客需求，还能传播景区的特色文化，吸引更多的人前来观光旅游。

二、乡村旅游景区背景音乐的播放形式

（一）电声设备播放

乡村旅游景区背景音乐的播放可以采用电声设备，播放形式分为两种：一是借助具有自动控制功能的电声设备来完成，这种电声设备可根据景区的实际需要来灵活布置。其好处在于嘈杂声不会随意出现于景区环境中，也不会有多种音乐的相互干扰，能够更好地表达乡村旅游景区的特色，使旅游者欣赏自然风光的同时，感受不同风格的美妙乐曲。只要充分利用自动控制功能的电声设备，将其合理分布于景区内，就可以让游客通过听觉的适时转换来进行视觉的转移。二是借助现代电声设备与遥感自控设备相互配合来完成，优点在于能够让乡村旅游景区中大面积地洋溢着音乐。缺点是过分追求音乐范围的均衡，随意性差，不能随着环境的变化而变化，从而导致出现风景各异、曲子皆同的情形，还会造成某些背景音乐与环境的不协调。

（二）现场演唱与器乐演奏

在乡村旅游景区可以组织一些小小的音乐会，鼓励游客参加现场演唱，也可以进行现场的器乐演奏表演，来调动旅游者的积极性，同时营造良好的旅游景区文化氛围。在具体演奏曲目的选择上，以民族乐器演奏的民乐为首选，因其最符合乡村的旅游环境。此外，在演奏、演唱时，可邀请游客参与其中。需要注意的是，乡村旅游景区的演唱与演奏应避免刻意追求高雅音乐，这样会把大部分游客拒之于艺术门外。

在大型的节事旅游活动中，现场演唱与器乐演奏能够有效补充乡村旅游活动的单调性，使游客在观光之余有机会体验另一个休闲项目，节日旅游会变得更加丰富多彩。

三、乡村旅游景区背景音乐的播放技巧

（一）根据乡村旅游景区的分类进行背景音乐播放

根据景区构成要素的不同，将乡村旅游景区分为三种类型，即建筑环境景区、农耕文化景

区和非物质文化景区。背景音乐的播放要慎重考虑景区的类型，类型不同，播放的背景音乐也要有所区别，切忌毫无思考、随意选择，不合时宜的音乐不仅很难体现景区的特色，还会引起旅游者的反感，并阻碍乡村旅游业的发展。

（二）根据一年四季季节的变化进行背景音乐播放

1．春季的背景音乐播放

古人云："春种一粒粟"，春天是播种的季节，此时的乡村到处洋溢着生机和活力，人们带着农作物的种子来到地里，在暖阳下播撒一把把祝福和希望，小孩子奔跑在田间地头，红扑扑的脸上挂满欢笑。城市居民为了更加真切地感受春天，纷纷来到乡村旅游景区踏青，走在乡间蜿蜒的小路上，微风拂面，蝴蝶飞舞。为了体现春天的到来，配合随处而见的欣欣向荣，景区可以播放一些节奏明快的乐曲作为背景音乐。当游客陶醉于大自然的鸟语花香中，耳边适时地响起动听的曲子，会让游客的旅游体验变得更加美好。

2．夏季的背景音乐播放

骄阳如火的夏季十分难熬。城市的夏天异常炎热，人们走在柏油马路上，脚掌滚烫滚烫的，等红绿灯的功夫，感觉鞋底都要融化，焦躁的心不得安稳，空调 24 h 运行，难以避免的颈椎病、腰腿痛等随之而来。乡村却不然，路旁的大树伸开枝丫，茂密的叶子交织成一把巨大无比的伞，遮住了烈日，微风阵阵，带来无尽凉爽。夏天城市的游客纷纷来到乡村旅游景区避暑，河边的垂柳，挺拔的白杨，风来，柳丝千缕，杨树的叶子也哗哗作响。路边有默默无闻的野花，草丛中有晶莹剔透的露珠，夏蝉贴着树枝吟唱，小溪流水潺潺，尝尝溪水的甘甜，此情此景，如果耳旁响起轻柔婉转的背景音乐，游客就会全身心地享受乡村旅游区的美，烦躁的心情一扫而过，留下眼前的清爽、指尖的清凉，还有耳边的悠扬。

3．秋季的背景音乐播放

唐代诗人王维有诗云："空山新雨后，天气晚来秋。明月松间照，清泉石上流"，俨然一幅清新秀丽的山水画，这样的秋天如何不让人心驰神往？深秋时节，满山红枫，成片的醉人火红。俗话说："稻花香里说丰年""又是一年金秋时"，秋天是收获的季节，它告诉人们"一分耕耘一分收获"，村民们在这个见证成果的季节，每个人的脸上都洋溢着丰收的喜悦。到处果实累累，一望无际的稻田，空气中弥漫着丝丝果香。此时此刻，乡村旅游景区通过播放背景音乐的方式，可营造出金秋的氛围。可以选择稍显热烈气氛的乐曲，也可穿插一些悠扬的曲子，让旅游者在音乐的流转中感受落叶纷飞的美景。

4．冬季的背景音乐播放

银装素裹的冬天虽然让人瑟瑟发抖，却也充满了大自然的含蓄美。清晨，朦胧的雾漂浮于空气中，似有若无；星星尚未消失，天已蒙蒙亮；河水结冰，暖阳之下的冰面折射出迷人的光芒。漫天飞雪的时候，三五孩童打雪仗，一片欢声笑语，孩子们冻得通红的脸蛋映着雪白的大地，显得格外可爱，家家户户的门前都堆起了造型不一样的雪人。旅游者来到乡村，没有柳绿花红，也无莺歌燕舞，但却能感受到充满趣味的冬天，欣赏到无与伦比的美景。此时，乡村旅游区为了营造赏心悦目的冬日氛围，可以播放一些有节奏感的音乐或者贴近大自然的纯音乐，让游客醉心于情景交融的环境中，感受别样的乡村风情。

附录一　武汉市蔡甸区生态旅游管理存在问题研究

一、武汉市蔡甸区生态旅游管理现状

蔡甸区地处武汉市的西郊，资源丰富、水质纯净、景观多样，不仅有环绕 6 个街镇的沉湖水系，还有 150 万亩天然湿地保护区。远近闻名的莲花湖是蔡甸的一颗明珠，缓缓穿过城区，拥有嵩阳山和九真山两大国家级森林公园。蔡甸区的生态环境优势非常明显，当地政府高度重视生态旅游的发展，一步步地深化发展决策，为蔡甸区整体生态旅游产业的发展奠定了坚实的基础。近年来，蔡甸区的生态旅游产业发展速度较快，推动了地区财政收入和经济发展水平的提升。沉湖国际湿地自然保护区、后官湖国家级湿地公园和桐湖省级湿地公园等的陆续建成，极大地提升了蔡甸区的生态旅游地位，促进了自身生态旅游产业的发展。蔡甸区的生态旅游管理措施，也不断改善，它的成绩斐然。

（一）生态旅游规划现状

蔡甸区的生态旅游规划着手于区域的生态环境建设，旨在达到生态旅游健康而又快速发展的目的。蔡甸区政府一直坚持生态发展战略，将生态建设作为全区工作的重点，充分利用地区生态资源，鼓励和推进区域内有代表性的生态经济持续发展，如旅游业、服务业、现代农业等，实现区域内经济的协调发展。

早在 2013 年，蔡甸区就被生态环保部列入全国第六批示范性生态文明建设单位，这是武汉市首个国家级示范性生态文明单位；时隔两年，蔡甸区成功通过湖北省环境保护委员会的省级示范性生态文明建设区的验收考核；2017 年颁布实施了《蔡甸区创建国家生态文明建设示范区规划(2017—2024 年)》。2018 年，蔡甸区成功完成区域内 87 个行政村居民生活居住环境的升级改造，签订空闲农房租赁合同 718 套，建设生态共享庄园 401 个，10 个小镇成功入选市级生态乡镇。全面启动了 20 多个市级乡村的建设，吸纳投资额共计 23.1 亿元，向蔡甸区生态旅游产业的发展给予了极大助力。2019 年，蔡甸区进一步加快生态旅游建设的步伐，积极建设具有地方特色的乡村旅游小镇，如张家湾地铁小镇、大集黄虎文创村等，竭力促进区域内特色生态旅游产业的可持续发展。

蔡甸区重视生态旅游规划，积极探索生态旅游发展新模式，同时创新发展路径；重视加强全区基础设施的建设，坚持把生态旅游的建设与发展作为推动区域经济发展的主要动力，立足于生态旅游的景点规划和产品规划，致力于将蔡甸区打造成国家级生态旅游目的地。蔡甸区生态旅游规划应全面、深入、客观地了解区域内生态环境的实际容量，以保护环境和持续发展为前提，对区域的生态旅游资源进行科学、合理的开发。其中，生态旅游景点规划包括九真山、花博汇景区、张家湾地铁小镇等生态旅游景区；生态旅游产品规划则包括旅游产品、旅游文化、旅游线路等的开发。

（二）生态旅游环境现状

蔡甸区在生态旅游发展规划的驱动下，对区域的相关数据进行全面分析，对旅游者人数、旅游企业、环境变化指数等进行实时监测，有效减轻了生态旅游发展所带给环境的负面影响，成效显著。

第一，蔡甸区将退耕还林作为出发点，构建了生态环境的保护评价机制，大力保护区域内林地资源，不断巩固退耕还林、退耕还草的战略成果。一方面，从整体上落实林地政策、林地用途管制制度、林地征占用管理制度和改善森林防火管控机制等；另一方面，封山育林、低产林改造、退耕还林、植树造林、城镇园林建设、水果基地建设等工作的推动。不仅改善了区域的生态旅游环境，还实现了林地的科学化利用。蔡甸区坚持生态旅游管理与生态环境保护相结合的原则，在确保区域内生态保护和持续发展的同时，促进生态旅游科学化管理的实现。

第二，为了有效降低旅游者大幅增加对生态环境带来的负面影响，蔡甸区对景区的游客承载量进行严格监控，并采取相应措施来把控景区的人流量。(1)生态旅游景区实行"控制客流，科学分流"的政策，有效缓解了游客增多带给景区生态环境的压力；(2)对生态环境脆弱地区的居民进行整体搬迁，减轻生态环境的压力；(3)对具有地方特色、民族特色、历史特色的建筑实施监查，若存在需要外迁的建筑，则根据相关标准要求进行动迁，保留区域内原有建筑的民族文化特色。

第三，加快推进生态旅游区能源结构的优化与升级，积极推广和使用清洁能源、可再生能源。旅游景区的清洁能源逐渐普及，大力发展燃气和电等清洁能源，在生态旅游区的公共场所安装风能、水能、太阳能等清洁能源的相关设施。同时，蔡甸区还设立了一系列的旅游景观的生态指标，建设和优化了生态旅游景点设施。在各生态旅游景区修建生态公路、绿色边坡、木质栈道等，建造观景平台、凉亭及其他公共设施，使得景区的生态环境有了明显提升。

（三）生态旅游环境治理现状

蔡甸区环境保护局作为区域生态旅游景区的监管部门，专门设置了生态环境保护科，旨在加强全区生态环境的监管工作，其主要监管职责包括：严格贯彻和落实生态环境保护相关法律、规章与制度，专门负责生态保护相关规定的拟定；监督管理区域内旅游景观的生态环境，重点负责生态环境的恢复与开发；负责区域生态旅游景区的环境保护，协调土地防治、湿地保护等工作；负责区域生态旅游景区物种多样化的保护和环境安全的监管等；指导区域生态旅游景区的发展和生态文明示范区的建设。

蔡甸区环境保护局在区政府的统一领导下，对区域各生态旅游景点开展环境保护专项执法、环境实时监测、生态环境安全管理等活动。(1)开展环境保护专项执法活动。蔡甸区环境保护局在《蔡甸区创建国家生态文明建设示范区规划(2017—2024年)》指导下，始终坚持绿色发展，坚持生态保护与经济发展相结合的原则，定期检查区域的生态旅游景点；(2)在区域生态旅游景点内建立重点污染源的实时监测系统、大气辐射自动监测站，安装噪声检测仪、有机物污染检测仪等设备，委托有资质的检测机构对各生态旅游景点的地表水、饮用水进行定期检查；(3)加大旅游景点和周边环境的安全监督检查力度，并要求旅游公司提高自己员工与管理人员的安全责任意识，制定突发环境事件的应急处理预案，在不断提升应急处理能力的同时，配备相应的应急装置及设施；(4)对生态旅游项目的准入和审批程序进行严格把关，实行节能环保的一票否决制，与标准不相符的项目一律禁止通过，将湖泊保护、污水治理等环境指标的考核与行政事业单位的绩效考核挂钩。

（四）生态旅游管理与服务现状

蔡甸区立足于生态旅游理念，首要目标是提升区域的生态旅游服务产品质量，并不断提高生态旅游服务水平与管理质量。

第一，突出区域的生态旅游集群，充分发挥生态旅游服务的规模效应。生态旅游的行政管理与服务要突出“区域性、协同性、全民性”，实施以生态旅游、休闲娱乐、民俗文化等多样化生态旅游集群旅游模式。此外，蔡甸区还充分发挥了区域的经济发展与内在资源优势，构建以九真山、后官湖湿地公园、嵩阳山森林公园等生态旅游景区为支撑，以天狮子、“贱三爷”故事、木兰传说等民俗文化为依托，以互联网乡游小镇、张家湾地铁小镇、特色乡村旅游为辅助的区域生态旅游格局。

第二，将生态旅游管理与民俗文化产品开发相互融合。蔡甸区坚持文化与旅游相融的发展思想，将当地的民俗文化融入生态旅游产业链的发展和实践当中，进一步丰富与创新蔡甸区的传统民俗文化产品，如高跷狮子、单弦拉戏、原生态歌舞等，让旅游者充分感受蔡甸区浓厚的文化魅力。蔡甸区还专门建立了文化创意中心、非物质文化遗产保护中心、民俗文化体验馆、蔡甸民俗风情展示馆等，这些民俗文化旅游中心的建立在很大程度上推动了蔡甸区民俗文化的发展，有效提升了区域生态旅游管理质量与服务水平。

第三，重视发展乡村旅游。蔡甸区积极把握创建国家生态文明建设示范区的机会，不断优化区域内的生态旅游环境，重视发展精品乡村游，努力开发集生态、娱乐、休闲为一体的旅游产品，旨在满足不同旅游者的消费需求。同时，在中法武汉生态示范城及其沿线打造独具地方特色的生态化乡村旅游带，充分发挥以点带面的经济效应，促进全区生态旅游的协同发展，丰富旅游文化的产业业态。

（五）生态旅游经营管理现状

蔡甸区生态旅游的经营管理主体呈现多元化，其主要的参与主体为国有企业。为了更好地推动生态旅游产业的快速发展，蔡甸区实行国有企业与集体企业相结合、共同运营、相互协作的发展方式，为蔡甸区生态旅游产业的发展带来了显著成果。一方面，无论是资金投入，还是资源配置，国有企业都有着无可比拟的优势，同时，通过不同的职能部门监管，它有效弥补了旅游市场的不足，调节了市场失灵；另一方面，在蔡甸区各职能部门的共同规划下，使企业与生态旅游景点的居民联合经营，通过这一方式实现了生态旅游市场的企业化运作，随着生态旅游管理制度的逐渐完善，蔡甸区的生态旅游规范性也明显增强。

第一，对区域内的生态旅游企业实行规范化管理。蔡甸区生态旅游景区周边居民共同建立统一的旅游组织，并将这一组织视为企业来运营，当地居民通过注资的方式，对其推行股份制管理模式。为了加强企业的规范化管理和市场化运作，逐步完善了区域内生态旅游企业的股东代表大会、董事会和监事会等职能部门。为了更好地监管生态旅游景区内各个行业的经营行为，蔡甸区城市管理局、联合环境保护局等相关部门出台了关于生态旅游管理实施办法、服务标准与规范、餐饮服务规范和客房服务规范等相关文件，对区域内卫生和安全不达标的旅游公司进行停业整顿。

第二，加强社会资本的引入与投资。由博大科技集团投资的九真山生态旅游景区、阅景汇投资发展有限公司投资的花博汇生态旅游景区等，正大力推进项目建设，期待取得更好的发展；以休闲度假为主体的张家湾地铁小镇、以地方特色为依托的互联网乡村旅游小镇、与蔡甸区传统文化相融的大集黄虎文创村等生态旅游景区积极谋求发展，并紧抓前期的各类招商项目。生态旅游产业的发展极大地推动了蔡甸区的经济发展。

（六）居民参与生态旅游管理现状

蔡甸区充分利用鼓励与引导相结合的方式，积极带领当地社区居民快速融入生态旅游管理的服务中，主要体现在经济参与和社会服务两个方面。

第一，在经济参与上，为了提高区域内生态旅游管理水平、服务水平与市场化运作，蔡甸区政府推行联合型生态旅游相关企业的股份制改革。区政府推行行政组织、公司与当地群众共同参股的方式，协调生态旅游产业各个层次的利益群体，合理管控生态旅游经营管理的生态化。通常情况下，行政组织和公司的参股比重会比当地居民要高，但在分红时会优先考虑当地居民，以这一运作方式来充分调动居民参与生态旅游管理的积极性。经济参与能够有效提高生态旅游景区周边群众的生活水平，同时也提升了当地群众参与生态旅游管理的使命感和责任感，弥补了单一经济模式的不足。

第二，引导社区居民积极参加文艺活动，以此提高生态旅游管理和服务水平，如建设艺术展览中心、文化广场等，鼓励当地群众进行节目表演和文艺锻炼。这些活动不仅有利于蔡甸区的文化传承，还能丰富区域生态旅游项目。蔡甸区政府重视宣传和推广，借助一系列宣传活动，吸引更多的居民融入生态旅游管理与服务中，让广大旅游者看到蔡甸区人民的热情和淳朴。随着生态旅游教育宣传工作的进一步推进，当地居民在生态保护与经济管理上找到了平衡点，居民的参与也愈发体现出全局性，当地群众在生态管理与环境保护方面的认知得到了显著提高。

二、武汉市蔡甸区生态旅游管理存在的问题

虽然蔡甸区政府非常重视本区域内的生态旅游管理，但在真正的管理实践中一些问题已经凸显出来。如缺乏科学的生态旅游规划、缺乏完善的生态旅游评价机制、生态旅游行业部门监管不力、缺乏生态旅游服务意识及水平、缺乏规范的生态旅游经营管理、居民参与生态旅游管理的动力不足等，以下针对蔡甸区生态旅游管理存在的问题进行逐一分析。

（一）缺乏科学的生态旅游规划

尽管蔡甸区生态旅游规划的整体框架已经做出来，但还存在诸多不足。在政治、经济、环境、文化等因素的影响下，区域内的生态旅游规划还面临一系列困难，具体表现在三个方面。

首先，蔡甸区生态旅游规划在科学性上存在问题。区域内的生态旅游规划缺乏一定的深入性，且不够全面，大部分生态旅游项目在规划时没有仔细分析客观数据，也就未能发挥出分析结果的支撑作用，尤其是生态旅游项目是否会对本地的生态环境造成不良影响，以及市场需求方面是否缺少客观的分析和评估，都没有作出客观分析。蔡甸区生态旅游资源的开发优势在于它三面环水的地理位置，这一优势有助于地区水土资源的保护和生态环境的可持续发展。由于蔡甸区地势的多样性，使得区域生态旅游规划很难真正实现生态价值与经济价值的均衡，加上部分生态旅游景区经常发生自然灾害，这就让人不得不对蔡甸区生态旅游规划的科学性表示怀疑。

其次，蔡甸区生态旅游规划在系统性上存在问题。蔡甸区生态旅游规划一旦涉及经济、政治、环境、文化等因素，那就必须在规划过程中充分考虑各个规划之间是否存在联系，同时也要保证生态旅游规划中各个景区之间的协调与统一。实际上，蔡甸区的某些生态旅游规划在具体实施时确实存在一定难度，如在生态旅游与人文旅游方面，蔡甸区侧重于开发自然资源，致力于发展自然景区，不仅忽视了文化旅游资源的开发和宣传，还忽视了文化旅游产业也是生态

旅游产业发展的重要组成部分;同时也忽视了将文化旅游产业中的民族传统文化与旅游资源相结合,这就造成了生态旅游活动的单一性,未曾使地区的文化教育发挥出重要的支撑作用。

最后,蔡甸区生态旅游规划在可行性上存在问题。生态旅游规划的具体实施,需要依托区域内的生态旅游产业,这就需要足够的生态旅游资源和充足的人力、物力、财力作为支撑,当然还需要对生态旅游市场及其发展前景进行全面分析与客观判断。从蔡甸区生态旅游规划的整体思路来看,其更多关注的是生态旅游资源,而对未来的生态旅游市场和旅游产业前景缺乏系统地分析与实地调查。对于蔡甸区而言,在生态旅游管理、生态环境保护和人文生态建设三个方面都缺乏必要的思考与规划,也未能凸显出环境保护意识、文化传承使命和诸多社会责任,以至于蔡甸区的生态旅游规划缺乏一定的可行性。

(二)缺乏完善的生态旅游评价机制

生态旅游的发展会带来可观的经济收益,但我们不能只看到好的一面,也要明确它所带来的负面影响,即它对周围环境所产生的不同程度的影响。蔡甸区生态旅游的发展在环境影响方面存在一定问题,在生态旅游的环境评价上缺乏精细化管理和完善的生态旅游评价机制。尽管在生态旅游景区的污染物排放、游客数量控制、水资源污染管理等方面都有涉及,但缺少系统、完善、科学的生态环境评价机制,这就导致人力、物力和财力的大量浪费。严重阻碍了生态旅游管理和环境保护目标的实现,如蔡甸区生态旅游景区每日的废水排放量,外来游客、本地居民和动植物所产生的废弃物,不利因素对景区生态环境所产生的负面影响,生态旅游景区的水池钙化、植被减少与环境破坏之间的关系等,这些问题说明了蔡甸区生态旅游景区需要完善系统的环境评价机制。但需要注意的是,生态旅游环境评价机制的构建并非仅蔡甸区政府就可独立完成的,在美国、英国等西方发达国家,若想要建立和完善生态旅游环境评价机制,必须动员整个地区甚至全国的力量才能完成。尽管蔡甸区拥有丰富的生态旅游资源,但俗话说:"家有万贯家财,也会坐吃山空",如果一直缺失有效的环境评价机制,生态旅游业必然会在发展中停滞不前,还会造成自然环境的污染,危及整个地区的居住安全,甚至影响其他行业的正常发展。因此,必须重视环境保护及其评价,在评价体系上将更多的显性指标作为判断和评价的依据,关注区域内植被、水源、空气的污染问题。在蔡甸区环境保护局的网站上随时更新生态旅游景区的真实环境信息,环境保护部门严格落实职责,使公众能够及时、准确地掌握蔡甸区生态旅游景区的环境监测信息。

最后,生态旅游环境评价是一项比较烦琐的工作。如,一些生态旅游景区的抗干扰能力较强,那就意味着这些景区内植被与生物的自我保护和恢复能力就相对好一些;有些地区的生态环境系统比较脆弱,一旦旅游环境的评价指标、评价方法等选择不当,就极有可能造成区域的生态环境变得越来越差。蔡甸区生态旅游景区的自然环境相对复杂,且差异性明显。因此,环境评价体系的覆盖面必须强调广泛性和多样性,地点的选择讲究可行性,这样才能更加全面且客观地评价蔡甸区的生态旅游环境。

(三)生态旅游行业部门监管不力

蔡甸区生态旅游作为区域财政收入的主要来源,它的发展对整个区域的经济发展至关重要。区域内的生态旅游景区管理涉及多个层次、多个部门,需要多个职能部门的协同管理。这一管理模式必然对蔡甸区生态旅游的管理与开发产生积极作用,但各部门的合理分工成了不可忽视的问题。生态旅游景区能够带来丰厚的经济收益,这就使得各层次的职能部门都十分关注这块"肥肉",想要利用自己的位置来谋取最大利益。因此,个别部门在相应的权责分配上出现了混乱。在生态旅游管理的发展过程中，涉及的问题也越发增多，这就要求区域内的旅游局、环境保护局、城市管理局、工商局等各个部门立足于区域发展，实现旅游管理工作的高效率、高质量的协调运作。然而，从蔡甸区生态旅游行政管理的实际情况来看，一部分职能部门本着一副“各人自扫门前雪”的样子，对区域生态旅游业的发展漠不关心，如管理职能发生冲突或出现交叉时，推卸责任的状况时有发生，这一直以来都是职能部门在行政管理方面的弊病，在生态旅游管理上表现得尤为明显，这些问题极大地影响了蔡甸区的生态旅游管理。

除此之外，在蔡甸区生态旅游基础设施的监督和管理上也存在较大漏洞，而且这种情况层出不穷，如在张家湾地铁小镇的建筑工地上随处可见的塔吊，还有正在修改的压路机；区政府投入资金修建基础公路，民众也开始跟风乱搭乱建，工程质量残次不齐，严重影响了蔡甸区周边生态旅游景观的整体性；由于生态旅游景区内的旅店有限，接待能力较低，每逢节假日高峰期时，远远满足不了景区内游客的需求；此时，个别小公司或当地居民在利益的刺激下，采取投机倒把的方式建造、加盖宾馆或民宿，导致景区周边住宿业的品质良莠不齐，部分景点还产生了恶意竞争；蔡甸区部分生态旅游景区周边的私人餐馆将未经处理的污水直接排入周边水源，严重污染了河流水质。蔡甸区生态环境的主要监管部门是区环境保护局，具体负责建立和健全生态旅游景区环境保护基本制度、组织编制环境保护相关计划、综合治理和监督管理区域内的环境问题、承担污染减排的各项责任、从源头上预防和控制环境污染、指导与协调生态环境的保护工作、实时监测环境并及时发布相关信息、组织和宣传环境保护的相关工作等。蔡甸区环境保护局的工作还存在诸多不足，这在一定程度上反映出区域环境保护局在生态旅游管理与监管方面未能履职尽责。

(四) 缺乏生态旅游服务意识及水平

蔡甸区整体生态旅游管理与服务水平存在一定问题，具体表现在两个方面：旅游管理和游客服务。以九真山森林公园为例，从市区出发，驾车将近 2 h 到达目的地，却发现景区内问题重重：第一，旅游饮食方面。景区里面或周边的餐饮机构主要以村民开的小饭店为主，大部分是家常菜，供水较少，景区村民伺机抬高价格的情况屡禁不止。第二，旅游交通方面。自驾车尚未到达景点，就有村民半道拦车，且村民私自划定停车场，收取高价停车费。第三，景点门票方面。当地村民以“内部票价”低于官方票价为由，一次性收取每人 30 元门票，外加 20 元停车费，带领旅游者沿着后山小路进入景区，美其名曰——票价低廉，但实际上就是逃票。从某种意义上来看，生态旅游的服务意识就像生态旅游发展的“照妖镜”，照出了旅游服务水平、服务质量等，这些因素都与景区的整体形象、对外口碑等直接相关。第四，旅游观光方面。九真山的内部风景相对一般，整个游玩过程历时 3 h 足够。景点内稍有特色的游览项目采取单独收费的方式，如近几年流行的玻璃桥，景区也开始跟风建造，每人收费高达 45 元，栈桥的长度也就 200 m。第五，旅游环境方面。景区的宣传与管理力度比较薄弱，路引不明，地图标志模糊不清，卫生情况亟待改善。在游客服务中心的设置、大型生态化停车场和环保化厕所的修建等项目上存在较大发展空间。

在蔡甸区生态旅游管理过程中，各职能部门除了平时的监督执法外，还应负责生态旅游服务窗口的创建、文明生态旅游规章制度的编撰、定期对当地居民进行生态文明行为的宣传和教育、完善景区内各项公共服务设施、提高及时应对突发事件的能力等事宜，从小事和细节抓起，提高蔡甸区生态旅游的管理水平和服务质量。如关于广大群众文明生态旅游行为的宣传和教育，蔡甸区政府想要借助景点宣传、手册宣传等间接的管理方式来获得生态旅游经营者和旅游者的重视，实际上这种做法并不能从根本上改善和提升蔡甸区生态旅游的管理服务水平。蔡甸区的生态旅游管理缺乏创新，仅仅停留于张贴简单的标语或进行影片宣传；管理上安于现状，未能找到体现蔡甸区生态旅游管理特色的方式与方法。要知道，突发事件的应急处理能力常常用来考验生态旅游景区的实际管理水平，然而，蔡甸区生态旅游管理的应急处置方案只是空空的摆设，并未真正发挥出应有的预防作用。可以说，当突发事件来临时，蔡甸区生态旅游管理各部门根本做不到及时且有效地处理突发事件，这些情况给蔡甸区政府和职能部门的管理能力提出了较大挑战。

生态旅游管理的另一个重要目标是不断提高游客对于生态旅游景区的满意度和体验感。然而，从当前蔡甸区的生态旅游管理水平来看，其服务能力和接待能力等有待加强，交通设施、通信信息等尚未达到无障碍水平，对老弱病残游客的人性化关怀还远远不够，救援方面也不能24 h及时到达，突发事件的应急处理能力尚待增强，生态旅游的环境保护与宣传工作并不扎实，在游客引导、经营者管理方面缺乏有效措施，生态旅游景区的管理水平与服务水平整体上都需要进一步提高。与传统的旅游管理相比，生态旅游管理的要求和标准更高，不仅要满足旅游者的需求，让他们享受较好的服务，获得良好的游览体验，还要充分体现出生态旅游的独特魅力和内在价值，对于蔡甸区的生态旅游管理与服务而言，这就是挑战。

（五）缺乏规范的生态旅游经营管理

目前，蔡甸区生态旅游产业的经营管理并不能满足区域内生态旅游的管理与发展需要，这是由于过分重视经济利益的主导地位，而导致的生态保护原则的失衡。区域内部分生态旅游项目的开发缺少可行性分析，抑或资源环境在不达标的情况下就开始着手建造等。可以说，蔡甸区政府在经济与生态之间并未找到一个真正的契合点，使得这些破坏生态平衡、违背生态建设原则的项目顺利实施，而且蔡甸区政府会考虑经济的发展和业绩的需要，倾向于牺牲生态价值，追求经济利益，这就导致区域内生态旅游经营管理出现了规范性缺失的问题。

此外，生态旅游经营管理还缺乏制度保障，这是规范性缺失的另一个表现。制度保障的目的就在于维持其规范性。对于蔡甸区生态旅游景区的经营管理制度而言，有一部分制度是传统旅游制度的前身，是在旧制度的基础上修改而来的，针对性较差，更无创新可言，内容也不甚完整，满足不了当前生态旅游管理与发展的需要。同时，区环境保护局、区城市管理局等作为生态旅游管理的上级部门，政府门户的网站信息公开基本处于空白状态。随着互联网的迅速发展，这样的空白导致的直接结果就是旅游者无法全面了解生态旅游景点的相关情况，无从选择景点，从而造成经济效益的损失，对蔡甸区生态旅游经营管理的科学性、公平性、合理性，也都会产生不利影响。

（六）居民参与生态旅游管理的动力不足

蔡甸区的居民参与生态旅游管理的动力严重不足，具体表现为：除了从经济上鼓励才会考虑参与管理外，大部分居民在生态旅游管理上都缺乏积极主动性，在决策、服务、环保这三个方面的参与上都缺乏主观能动性。

第一，在参与决策方面缺乏主观能动性。蔡甸区生态旅游管理实行的是传统管理模式，也就是垂直结构的上行下效民知情管理模式。在这种管理模式之下，政府有关部门掌握决定权，导致当地居民参与决策的积极性和热情度都大幅降低。另外，在蔡甸区政府广纳谏言、汲取民声、开放决策上缺乏开放性的窗口与平台，导致社区居民的意见无从反馈，这也会影响民众表达对区域内生态旅游管理的意见和看法。

第二，在参与服务方面缺乏主观能动性。一些居民以为参与服务就是在生态旅游景区内提供相应的餐饮娱乐和其他服务，并收取一定费用，服务者与旅游者处于平等的状态，这种观念过于传统。实际上，民众并不了解其实在生态旅游管理过程中的收获要远远高于他们所付出的服务，当然也高于其他参与生态旅游服务群体的经济效益，因此，蔡甸区生态旅游管理与服务收费模式需要尽快改变，以此适应当前区域生态旅游管理的需要。

第三，在参与环保方面缺乏主观能动性。在生态旅游管理方面缺少必要的奖惩措施，以至于当地居民不愿意参与环保，这就使得居民参与生态旅游管理的效果大打折扣。尽管蔡甸区政府大力宣传生态旅游管理，并对居民进行说服教育，但总体效果不甚明显。因此，蔡甸区政府要在居民参与生态旅游管理上重点思考，提高当地居民参与环保工作的积极性，早日实现区域生态旅游的健康有序发展。

附录二　武汉市黄陂区居民与旅游者之间的地方感对比分析

地方是人类赖以生存的基础，蕴含独特的自然环境和人文特质，除了给人们提供生活背景外，还带给个人或集体深深的安全感，这就是“恋地情结”。地方与人之间存在的一种特殊的依赖关系，也称“地方感”。古人云：“月是故乡明”，表达了人们对家乡的情感。这些年，随着旅游业的迅猛发展，地方感的研究领域进一步深入，以武汉市黄陂区为例，针对当地居民与旅游者之间的地方感进行对比分析，了解人们对地方的别样情感，明确居民与旅游者地方感异同的应用价值。

武汉市黄陂区作为一座生态新城，素有“木兰故里”“湖北第一台乡、第二侨乡”之美誉。黄陂区距离武汉中心城区 23 km，境内分布着“四路”“三线”“两港”。其中，“四路”即岱黄一级、机场一级、汉施一级和 318 国道；“三线”是指京广铁路、京广京九铁路武麻联络线拥有四通八达的水陆空立体交通网。黄陂区的旅游资源非常丰富，但其旅游业的发展却一直是不瘟不火的状态，影响其旅游业发展的因素很多，要立足于区域旅游发展的现状，对比居民与旅游者之间的地方感，探讨地方感对当地旅游产业发展的影响。

一、武汉市黄陂区居民与旅游者之间地方感影响因素

旅游者的年龄、受教育程度和遥距感知水平这三个方面对旅游者地方感的形成影响较为明显，其中，遥距感知水平主要是用来衡量个人心理，其水平的高低取决于人们对某个地方的向往和熟悉程度；旅游者的性别对地方感的形成并未产生较大影响，而旅游者的职业对旅游者地方感的形成基本上不存在影响。由此可见，地方感形成的重要影响因素有当地居民的年龄、受教育程度和遥距感知水平，而居民的职业、性别会对旅游者的地方感产生一定影响，但影响作用略显薄弱。

在遥距感知水平中，旅游者的受教育水平越高，涉及的知识面就会越广，就越能够正确鉴别旅游目的地信息，这就在一定程度上阻碍了强烈地方感的形成。黄陂区的大部分居民依赖地区的自然条件、社会环境去从事生产生活，居民职业的不同导致了其遥距感知水平的千差万别；对于地方的独特性感知而言，旅游者的年龄、受教育程度、遥距感知水平与其独特性评价呈现出显著的关联性，而居民的性别、年龄、受教育程度、遥距感知水平、地方独特性评价等因素均与其情感依恋评价联系紧密。因此，居民与旅游者的地方感影响因素分别表现为：职业因素影响黄陂区居民的遥距感知水平；性别因素对黄陂区居民和旅游者的情感依恋程度均能造成影响；年龄因素对当地居民的影响在于他们对黄陂区的感知水平和依恋程度，对旅游者的影响在于他们对该地区的地方独特性感知水平和情感依恋程度。

可见，这些因素对于当地居民和旅游者的地方独特性感知的影响有着明显区别。当地居民的地方感往往建立在特定地区的文化根源上，他们对于地方的了解要远远高于旅游者，大多数居民会认为地方无可替代。旅游者却不然，他们的地方感往往表现在景观审美上，而且地方是民众世世代代生活的场所，当地居民更加在乎它的原生态性，这就使得他们与旅游者在地方

的情感依恋程度上出现不同，虽然当地居民的依恋程度大大超过外来游客，但两者的地方感却是同等重要。

二、武汉市黄陂区居民与旅游者之间地方感对比的应用价值

全面了解旅游者的地方感有助于资源管理部门对目的地旅游资源的应用价值作出客观评价，使得旅游资源在实际的规划、开发和管理过程中获得更多的认可和支持，进而发挥出旅游目的地的资源价值；当地居民的地方感则有助于旅游区的规划者有效把握居民对于特定区域的重要意义，使得旅游规划者在对该地区进行规划和设计时能够考虑到居民的情感，旨在维系他们与旅游地之间的情感关系。黄陂区的居民与旅游者在地方感上的异同能够给黄陂区的旅游规划带来很好的指导和借鉴，具体包括以下五个方面：

（一）有利于黄陂区旅游资源的综合利用

面对经济利益当道的旅游开发背景，在旅游规划过程中，规划者不自觉地就将眼光放在资源的经济价值上，而将地方的历史文化价值和科学艺术价值等抛之脑后，这就极大地限制了人们对旅游资源的地方情感和精神价值的深度认知。当地居民与旅游者地方感的异同能够在旅游规划中将人的需求、态度、价值观等因素的多样性综合反映出来，进而更好地实现旅游资源价值的综合利用。

（二）有利于全面了解黄陂区旅游业发展的现状及问题

通过对当地居民与旅游者地方感异同进行分析，可以看出，黄陂区旅游资源的综合利用程度还有待提高，当地居民与旅游者对于黄陂区的自然环境评价要明显高于其社会环境评价，而评价最高的要属当地的地形地貌了，评价最低的是黄陂区所举办的一系列活动。无论是当地居民，还是外来的旅游者，他们中的大多数都认为黄陂区的地方特色是自然景观，人文景观特色不太明显。这就使得旅游规划者在很大程度上营造和挖掘了地方特色，主打自然景观颇具特色的招牌，但在实际旅游开发过程中却忽视了资源本身所具有的地方情感的精神意义，未能实现黄陂区旅游资源价值的综合利用。

（三）有利于利益相关者对旅游规划方案的支持

旅游开发的利益相关者对旅游目的地规划方案的支持程度直接影响旅游规划方案的实施程度。当地居民与旅游者地方感的对比分析有助于规划者进一步了解利益相关者对于旅游开发的真实态度，同时也能更好地把握这些利益相关者所赋予旅游目的地的情感意义和精神价值。因此，在旅游资源的开发利用和相关政策的制定和实施过程中，应加大对利益相关者的态度、情感、价值观等的重视程度，在这一前提下，使旅游开发规划方案获得更多人的支持和认同，旨在提高旅游规划方案的顺利实施。

（四）有利于黄陂区地方性的营造

旅游目的地的地方性特色建设的关键在于地方性，营造旅游目的地的地方性和增加旅游目的地的吸引力都成为旅游规划设计的主要内容；当地居民与旅游者的地方感对比分析能够很好地指导旅游目的地的地方性营造，进一步挖掘和保护旅游目的地的特色资源，并可以有效避免旅游开发过程中出现的商业化、庸俗化和舞台化现象。

（五）有利于黄陂区选择合适的宣传营销策略

如果旅游者对某个地区的情感依恋程度颇高，那就极有可能再次造访，换言之，情感依恋程度有助于提高旅游者的重游率，而那些情感依恋水平较高的旅游者与情感依恋程度较低的

旅游者相比，前者更愿意在旅游目的地停留，包括时间上的驻足和金钱上的消费。因此，在旅游开发过程中，应立足于不同旅游者对地方的情感依恋程度进行市场细分，以此选择最佳的宣传营销策略，保证宣传营销更有针对性地进行；在旅游规划过程中，应全面了解旅游目的地的旅游者和当地居民的地方感，把握他们各自对旅游目的地环境的感知和评价。居民与旅游者地方感对比分析在旅游规划中发挥了“磨刀不误砍柴工”的功效，有助于确定外来游客和当地居民在旅游目的地中具有特殊意义和情感价值的景观和场所，并明确这些审美景观与场所的地方性特征，以及他们分别表现出来的元素和象征，对旅游目的地的发展大有裨益。

参考文献

[1] 张翠晶.生态理念和田园文化视角下的乡村旅游景观设计[M].长春:东北师范大学出版社,2017.

[2] 周毅,刘洋.旅游文化[M].北京:中国人民大学出版社,2016.

[3] 李卫东.乡村休闲旅游与景观农业[M].北京:中国农业大学出版社,2019.

[4] 刘杰,刘玉芝等.景观生态理念下的乡村旅游规划设计[M].北京:经济科学出版社,2018.

[5] 罗凯.美丽乡村之农业旅游[M].北京:中国农业出版社,2017.

[6] 李军.新时代乡村旅游研究[M].成都:四川人民出版社,2018.

[7] 李霞,朱丹丹.乡村旅游该升级了[M].北京:化学工业出版社,2015.

[8] 夏学英,刘兴双.新农村建设视阈下乡村旅游研究[M].北京:中国社会科学出版社,2014.

[9] 王佩环.景观概念设计中的审美重构[M].武汉:武汉大学出版社,2016.

[10] 韩风.走向生态审美[M].北京:中国建筑工业出版社,2017.

[11] 吴获.旅游景观审美[M].北京:中国旅游出版社,2018.

[12] 张善峰.体验式乡村旅游规划[M].北京:中国建筑工业出版社,2019.

[13] 张向荣.环境艺术审美文化研究[M].北京:中国纺织出版社,2017.

[14] 周培,周颖.乡村旅游企业服务质量理论与实践[M].成都:成都西南交大出版社,2016.

[15] 杨永杰,耿红莉.乡村旅游经营管理[M].北京:中国农业大学出版社,2011.

[16]鲁苗.环境美学视域下的乡村景观评价研究[M].上海:上海社会科学院,2019.

[17] 邓爱民,卢俊阳.文旅融合中的乡村旅游可持续发展研究[M].北京:中国财政经济出版社,2020.

[18] 高小勇.乡村振兴战略下的乡村景观设计和旅游规划[M].北京:中国水利水电出版社,2019.

[19] 曹诗图,孙静.旅游文化学[M].北京:中国林业出版社,2015.

[20] 庄志民.旅游美学新编[M].上海:格致出版社,2011.